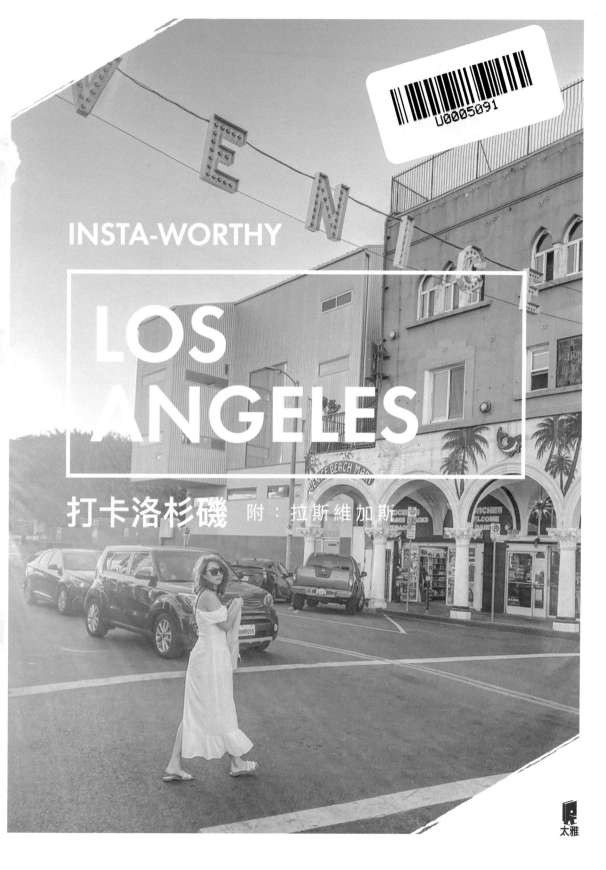

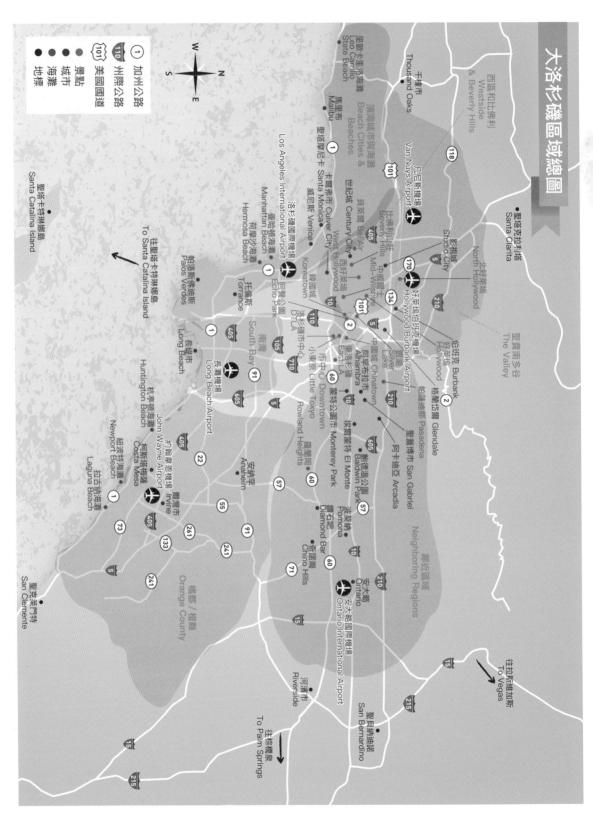

大洛杉磯區域總圖

聖塔克拉利塔
Santa Clarita

西區和比佛利
Westside & Beverly Hills

加州公路
1

州際公路
110

美國國道
101

景點
城市
海灘
地標

N
W E
S

里歐卡里洛海灘
Leo Carrillo State Beach

千橡市
Thousand Oaks

馬里布
Malibu

濱海城市貿海灘
Beach Cities & Beaches

聖塔蘭尼卡 Santa Monica

威尼斯 Venice

卡爾弗市 Culver City

貝萊爾 Bel Air

世紀城 Century City

西好萊塢 West Hollywood

北好萊塢 North Hollywood

影視城 Studio City

比佛利山莊 Beverly Hills

中威爾夏 Mid-Wilshire

好萊塢 Hollywood

118

101

405

170

5

210

134

洛杉磯國際機場
Los Angeles International Airport

韓國城 Koreatown

回聲公園 Echo Park

好萊塢伯班克機場
Hollywood Burbank Airport

伯班克 Burbank

格蘭岱爾 Glendale

費爾南多谷
The Valley

10

2

5

101

聖費南多谷
Neighboring Regions

曼哈頓海灘 Manhattan Beach

荷摩沙海灘 Hermosa Beach

托倫斯 Torrance

帕洛斯佛迪斯 Palos Verdes

往聖塔卡特琳娜島
To Santa Catalina Island

聖塔卡特琳娜島
Santa Catalina Island

洛杉磯市中心 DTLA

小東京 Little Tokyo

中國城 Chinatown

銀湖 Silver Lake

東洛杉磯 East LA

阿罕布拉市 Alhambra

帕薩迪納 Pasadena

聖蓋博市 San Gabriel

阿卡迪亞 Arcadia

110

2

110

105

710

605

60

210

10

South Bay 南灣

長灘市 Long Beach

長灘機場 Long Beach Airport

羅蘭岡 Rowland Heights

蒙特利公園市 Monterey Park

艾爾蒙特 El Monte

鮑德溫公園 Baldwin Park

波莫納 Pomona

91

605

5

605

10

57

惠提爾 Whittier

鑽石吧 Diamond Bar

57

杭亭頓海灘 Huntington Beach

約翰韋恩機場 John Wayne Airport

柯斯塔梅薩 Costa Mesa

紐波特海灘 Newport Beach

拉古納海灘 Laguna Beach

爾灣市 Irvine

安納罕 Anaheim

22

405

55

261

133

91

241

73

1

5

奇諾崗 Chino Hills

奇諾 Chino

60

71

安大略國際機場
Ontario International Airport

安大略 Ontario

河濱市 Riverside

聖貝納迪諾 San Bernardino

210

10

15

215

橙郡／橙縣
Orange County

聖克萊門特
San Clemente

往拉斯加斯
To Vegas

往棕櫚泉
To Palm Springs

15

215

5

2

熟悉又陌生的新創國度LA

　　認識Jas，是因為過去在旅遊集團擔任「達人經紀」的主管，需要發掘擅長於世界各地、各類型的旅遊作者或達人，相較於其他專長於帶團、攝影、歷史、品酒、音樂、鐵道、戶外活動等等領域的領隊，Jas選擇的主題，這幾年來，一直都是她最熟悉、也鍾愛的LA(洛杉磯)。

　　我知道，這並不是個容易的題目——並不是因為它特別冷門或偏遠，而是，相反地，似乎每個人(包括我在內)都對LA非常熟悉，或覺得它太「平常」，不像每隔幾年在旅遊領域就會翻新幾輪的 Destination(目的地)，總要有奇巧的特色或難以抵達的距離，才會讓人感到敬畏或嚮往。

　　問題是，雖然好像每個人都覺得自己很熟洛杉磯，但若真要舉出幾個值得造訪的景點，可能也答不上來，或認為「洛杉磯不就是那樣？一個缺乏文化的尋常居住城市罷了。」不過，在看過 Jas 熱情拿著手機分享的網紅美照，以及累積多年的豐富書稿之後，即使是我，也覺得真心太小看LA。

　　曾在自己的書中寫過少年時期的美國夢，很大程度上，當然是受到大眾流行文化，特別是電影、音樂的影響。許多喜愛的電影故事背景舞台都發生在LA，更不用說電影本身也是在那裡被製造出來。甚至在當年，還有擦身而過的「到LA學電腦動畫的志願」，如果真的實現，或許下半輩子便是好萊塢電影幕後的工作者大軍之一。

　　換句話說，對於這個在平行時空中，差一點成為自己生活與居住、而如今又感到陌生與好奇的巨大城市，透過Jas的發掘與紀錄，得以有更完整的認識與概念，並產生另一個人生階段的嚮往，是我在看這本書時，最鮮明的感受。

　　在歐、亞、非洲繞了一大圈，熟悉了不少歷史、藝術與古文明之後，近一兩年，我忽然有很強烈「重返美國」的欲望。或許是因為網路影音的普及，培養出新一代的美劇觀眾，或許也有不少，和自己當年的美國夢一般，想去多認識了解這個「既熟悉又陌生」的新創國度。

　　期望哪天，和Jas共同開發LA(甚至整個加州)的主題特色旅行團，真能實現，能聽她親自導覽自己熱愛的地點與事物，彷彿也是對那些曾經錯過的人生，之一種緬懷與完成。

| 資深網路觀察者、國際領隊、「米飯旅遊」創辦人 | **工頭堅**

讓真正的LA被各位看見　　　／作者序

從小愛看電影、愛看美國八卦雜誌的我，卻從沒認真想過有一天會真的在洛杉磯求學、工作和生活。直到來到LA，我一邊品嘗夢想成真的喜悅，一邊也不斷學習美國文化的多元和學著與多種族共存。

在LA，西語殖民文化、追尋美國夢的漂流學子、藝術家、娛樂產業……不同族群會合，我積極走出舒適圈，透過各種線上、社群媒體發掘在地活動、商店、品牌、景點，認識有趣的人。

或許也因為如此，我總是比朋友們多去了很多地方，成了朋友們口中的LA達人，想知道LA最新、最夯的景點或趨勢，問我就對了。

藉由本書出版，我期待能跟大家分享大多數人所不了解的LA另一面。

為了呈現洛杉磯眾多的面向，除了不斷將內容去蕪存菁，我也與攝影師友人們合作，要感謝所有身旁人的全力支持與幫忙，沒有他們，這本書可能就沒機會問世。

感謝家人能讓我無後顧之憂；感謝團隊成員Cameron、Heather、Mark、Sheila，陪著我到處跑；感謝編輯友人Leslie傾力與我一同讓文章更加簡潔有力；感謝好友Drawingbasic繪出美麗插畫；感謝感謝拉斯維加斯達人好友Fenix提供賭城內行人才知道的小撇步；感謝友人們Aria、Rachel、Yulung提供照片；感謝旅遊界大老工頭堅不嫌棄，替我寫下完美推薦序；更感謝出版社及主編湘惟的全力支持與協助。

最後，感謝正在閱讀的你讓我有機會將眼中的洛杉磯分享出來。沒有你們，就沒有這本書。

Jas

Jas

　　熱愛陽光、海灘、比基尼。想像加州,就是享受開窗戶、海風輕拂、陽光撒下、大聲放音樂沿著海岸線開車。平日標準穿搭是太陽眼鏡、白T或斜肩上衣和牛仔褲,透過iPhone、Sony相機和iPad記錄生活日常。

- 南加州大學英語教學及傳播管理雙碩士,德州大學奧斯汀分校教學科技博士班

- 目前為國外品牌、體驗行銷顧問

- 曾任數位創意主管,負責品牌行銷、網站規畫及UI/UX設計

- 與國際時尚品牌合作撰文,目前為痞客邦Style Me專欄作家和KKday合作旅遊部落客,亦曾撰寫APP學英文專刊

- 業餘時尚生活部落客,台灣美國兩邊跑,朋友笑稱「牛仔褲達人」

Facebook:J's LA LA Land – J的洛杉磯時尚生活

Instagram:jslalaland

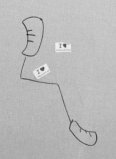

ALFRED COFFEE

BLUE BOTTLE COFFEE

cookies ice cream

COFFEE	
ESPRESSO	$4
FLAT WHITE	$3
WELLNESS LATTE	$5
COLD BREW	$6
COLD PRESSED JUICE	$11
RAW ORGANIC SMOOTHIE	
B12 SHOT	$4

HONDURAS
LA TORTUGA

SINGLE ORIGIN

洛城風情

暢遊洛杉磯

時尚加州女孩

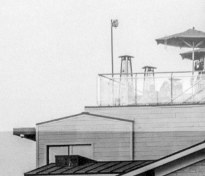

洛杉磯近郊小旅行

拉斯維加斯

本書介紹的景點及餐廳,皆標註在Google Map上,製作成QR Code供讀者掃描參考,請見P.164。

專業攝影密技

Point 1 人物攝影

相機大廠Sony在「人眼與人臉辨識對焦」紮實下了功夫。其中令人驚艷的是Sony α7III的對焦功能。例如在超廣畫面，α7III可以很快對焦到被拍者；在長焦段，大光圈的時候，也能夠精準地描準到眼睛。少數習慣手動對焦的朋友還可以用放大鏡即時預覽，要對焦睫毛就睫毛，要對焦鼻尖就鼻尖。

Point 2 室內攝影

旅行中，大部分的美景、美食、美人，都可以用Sony FE 24-105mm F4 G OSS鏡頭，配合α7III的APS-C裁切模式拍出，還可以把焦段延伸到157.5mm。若是遇到像玻璃教堂這樣比較狹窄的空間，則拿出FE 12-24mm F4 G這顆超廣角鏡頭，照片不易變形，是拍攝室內空間與自拍的好夥伴！

Point 3 餐廳攝影

旅行的時候經常要面對各種光線環境。若來到有氣氛的餐廳，拍照一閃光燈簡直破壞了一切，而且還會招來鄰近客人的眼光。我們攜帶了Sony α7III擁有超優質的雜訊抑制，記得將ISO設定放膽拉高或是直接切到自動，你負責構圖，剩下的就交給Sony α7III！

Point 4 美食攝影

除了iPhone內建的portrait模式特別適合拍美食近照之外，Sony小而精緻的RX100 VI也相當方便，相機內建美食模式，能抓到食物最接近真實的美味色澤。

Point 5 攻頂好萊塢標誌

攻頂好萊塢的路途頗長，且若攜帶太多攝影器材登山其實並不方便，因此建議可利用手機的外接高品質鏡頭如bitplay的HD廣角鏡、望遠鏡或Sony的口袋相機小霸王RX100 VI，麻雀雖小五臟俱全，24-200mm的鏡頭很適合拍寬廣的洛杉磯市景和好萊塢標誌。

本書照片採用以下器材拍攝

\# 專業級 Sony α7 III 相機
\# 有「黑卡」之稱的超人氣旗艦隨身機 Sony RX100 VI
\# iPhone X、iPhone 11 Pro
\# bitplay! 的 HD 廣角鏡

洛城 風情

City of Angels

10個愛上洛杉磯的理由
10 REASONS TO FALL IN LOVE WITH LA

 最舒適的天氣

　　加州的氣候溫暖舒適又乾爽，洛杉磯一整年陽光普照，大約只有35天會下雨或發生其他異常天氣狀況，也難怪LA有著Sunny California的稱號。

 最棒的農夫市集

　　每週日早晨農夫市場(Farmer's Market)會販售新鮮、品質優良的在地農產品，人們可現場挑選新鮮蔬果、麵包、糕點、最道地的料理、手工香皂以及手工藝品等。其中特別推薦布蘭特伍德市集(The Broad)、梅羅斯莊園街(Melrose Place)和拉奇蒙特村(Larchmont Village)。(詳情請參考「時尚加州女孩」章節)

 全世界最棒的海灘

　　LA 沿海有適合休閒小野餐的里歐卡里洛海灘(Leo Carrillo State Beach)、浪漫巖穴鬥牛士海灘(El Matador Beach)、充滿衝浪客的祖瑪海灘(Zuma Beach)、名流聚集的馬里布海灘(Malibu Surfrider Beach)、夕陽美到融化的曼哈頓海灘(Manhattan Beach)和帕洛斯維德斯(Racho Palos Verdes)、電影《樂來樂愛你》拍攝地荷摩沙海灘(Hermosa Beach)。杭亭頓海灘(Huntington State Beach)熱鬧多元、紐波特 / 新港海灘(Newport Beach)為影集《玩酷世代》(The O.C.)拍攝地、拉古納海灘(Laguna Beach)則聚集不少有錢富二代。(詳情請參考「陽光洛杉磯」章節)

我愛LA的塗鴉牆

洛杉磯市郊有許多地方適合爬山

 城市和郊區的綜合體

　　從LA 去拉斯維加斯只需要4 小時車程；往北可去巨象山(Mammoth Mountain)滑雪，或去太浩湖(Lake Tahoe)看風景；想品酒可去丹麥村(Solvang)；若只想遠離市區，可開車至近郊的約書亞樹國家公園(Joshua Tree National Park)，或到世外桃源聖卡特琳娜島(Santa Catalina Island)享受歐式風情。(詳情請參考「洛杉磯近郊小旅行」章節)

充滿創意的餐車文化

　　LA的餐車美食世界馳名，威尼斯海灘和洛杉磯市中心附近有許多餐車，每輛餐車都獨樹一格、創意十足、色彩鮮明又饒富趣味。

奢華品牌爭相
在洛杉磯開店

6 熱門電影、影集取景地

LA經常舉辦大大小小的首映會及頒獎典禮，更別說數不清的電影、電視都在LA拍攝。若你喜愛好萊塢電影、美劇，一定要來LA「朝聖」一下！（詳情請參考「影視洛杉磯」章節）

8 豐富的探索和體驗活動

LA一整年都有演唱會及祭典，例如每年吸引無數明星前來的科切拉音樂祭(Coachella)、瘋狂的火人祭(Burning Man)、年度封街萬聖節遊行、電音派對，到海灘互動藝術、電影首映會、時尚走秀，甚至是室外瑜伽課，各式各樣的活動等著你參加。

10 不做作的時尚風格

LA 有許多國際網紅，包含艾米・宋(Aimee Song, Song of Style)、茱莉亞・薩瑞娜(Julie Sarinana, Sincerely Jules)和安娜貝兒・弗勒爾(Annabelle Fleur, Vivaluxury)，還有義大利籍琪亞拉・法拉格尼(Chiara Ferragni, The Blonde Salad)、英國主持人路易絲・羅伊(Louise Roe)、丹麥人氣部落客安妮・賓(Anine Bing)。她們的穿搭反映出LA所崇尚的健康生活、充滿夏日風情、不造作、休閒中帶著個性和性感。（詳情請參考「時尚加州女孩」章節）

7 異國料理、早午餐、咖啡店

LA有小東京(Little Tokyo)、韓國城(K-Town)、泰國城(Thai Town)、小衣索比亞(Little Ethiopia)、小孟加拉(Little Bangladesh)，東邊還有位於聖蓋博谷(San Gabriel Valley)的華人區可以品嘗多國料理。當然也別忘了，早午餐店、咖啡店更是洛杉磯人生活中重要的一部分。（詳情請參考「美味洛杉磯」章節）

9 超跑、俊男美女隨處可見

愛車的人來到LA絕對能大飽眼福。Lamborghini、Maserati、Bentley、Ferrari、Bugatti⋯⋯還有古董車也隨處可見。路邊也都能巧遇明星，幫你服務的服務生，可能也在某部電影客串過喔！

好萊塢是全球電影
工業重鎮

陽光・沙灘・比基尼
是LA的代名詞

內行人小祕密

洛杉磯人瘋瑜伽
洛杉磯人崇尚任何與養生、健康、自然有關的事物，因此有機美食、登山、衝浪、瑜伽和皮拉提斯都是加州人日常生活中的一環，不妨利用休閒時間去參加瑜伽或皮拉提斯課程。

異國料理大熔爐
LA'S CROSS-CULTURAL CULINARY SCENE

加州飲食文化簡介

人類文化與飲食息息相關，也是人們的共通語言，串起世界各地的人們。喜愛美食和嘗鮮的人，洛杉磯的料理多變、多元。無論是正宗美式、墨西哥、義大利、法式，或適合亞洲胃的韓式、日式、越南、泰式、印度、中式或台灣小吃，在LA都找得到！（詳情請參考「美味洛杉磯」章節）

來LA必嚐酪梨吐司

加州料理和健康蔬食

加州料理採用加州在地、季節性和永續性食材，特別注重食材的生產地，強調以低飽和脂肪、高新鮮蔬果含量、瘦肉和來自加州沿海的海鮮製成。與傳統加州美食不同，加州料理是由洛杉磯傳奇名廚 Wolfgang Puck 掀起的新一波風潮。此外，加州料理也與當地的民族組合相同，融合了法式、義式、墨西哥、中式和日式等異國料理。

近年養生趨勢興起，追求健康成了加州人生活目標，更被南加州人奉為圭臬。除了瑜伽、登山、衝浪外，洛杉磯人的飲食和生活習慣也都以達到身心平衡、健康為目的，健康養生也就於不知不覺間成了時尚的另類代名詞。有機飲食、

In-N-Out 菜單簡單，食材新鮮

蔬食和奉行農場直送（farm to table）的餐廳更隨處可見，大多數餐廳也都會提供純素無麩質或無奶的選擇。羽衣甘藍、酪梨和冷壓果汁是加州料理三大素材。

代表餐廳
/ Cafe Gratitude
/ Zinc Cafe
/ Sqirl
/ Joan's On Third
/ Kreation Organic
/ Urth Caffe
/ The Butcher's Daughter

各國料理大集合

美式料理
American Comfort Food

來到加州，一定要嘗嘗從 LA 發跡、世界馳名的「In-N-Out」漢堡。

雖然 In-N-Out 僅有漢堡、起司漢堡和雙起司雙層肉漢堡三種漢堡可供選擇，但卻有著「全美最好吃漢堡」之稱，它的隱藏版菜單更是內行人必點，是全加州第一家得來速漢堡店，更是讓在地人引以為傲的特殊美食。In-N-Out 至今仍採用未經冷凍、無化學添加物新鮮牛肉做成的漢堡肉，放至鍋中煎至多汁，再搭配上手撕的生菜、洋蔥、碎黃瓜和新鮮番茄，最後淋上千島醬，夾在兩片香脆麵包中，十分美味。

除 In-N-Out，LA 還有許多美式連鎖餐廳。不過由於此地人口組成多元，許多在地美式餐廳如 Denny's、Norms 以及 Mel's Drive-In 等，也或多或少都夾雜墨西哥或亞洲元素。大型連鎖餐廳 The Cheesecake Factory 還有 California Pizza Kitchen (CPK) 等也頗受歡迎。

墨西哥料理
Mexican Food

墨西哥料理在加州飲食文化中占有重要地位，不容小覷。各式各樣的墨西哥餐廳、餐車和連鎖快餐店如Chipotle、Baja Fresh、Taco Bell、Del Taco四處可見，墨西哥炸玉米餅(taco)更是加州必嘗美食。

代表餐廳
/ 蔬食墨西哥料理
  Gracias Madre
/ 由小吃攤起家的墨西哥料理
  Guerilla Tacos

Gracias Madre好吃又好拍的創意美墨料理

異國料理
Ethnic

洛杉磯的飲食與它的人口組成同樣多元，除了墨西哥料理外，你可以到韓國城吃人參雞、鮑魚粥、豆腐鍋、韓式石鍋拌飯(bibimbap)；也可至小東京或日裔聚集的托倫斯(Torrance)和Sawtelle吃拉麵、生魚片、壽司。泰國城則有道地泰式炒粿條、鳳梨炒飯、椰汁咖哩等。港式飲茶、港式咖啡廳或來自中國各地的料理，也都可在LA找到。

洛杉磯飲食混搭千百種，日新月異

代表餐廳
/ 現代時尚義式餐廳Bestia
/ 法式料理Cafe Stella
/ 以披薩出名的
  Pizzeria Mozza
/ 網美義式餐廳Gjelina
/ 24小時營業並以人參雞和
  鮑魚粥出名的Mountain(山)
/ 韓式烤肉店Park's BBQ
/ 創意泰式料理
  Night + Market
/ 以日式沾麵聞名的Tsujita
/ 知名拉麵店大黑家
  (Daikokuya)
/ 號稱有著最美海景的高檔壽
  司料理Nobu Malibu
/ 網紅壽司店Sugarfish
/ 華人最愛越南河粉
  Golden Deli

街頭主廚Roy Choi最知名的Kogi韓式泡菜BBQ燒肉玉米餅

複合式創意料理
Fusion

混合各國料理餐飲元素、新鮮又富創意的「Fusion 料理」是 LA 飲食文化的一大特色。除了有融合墨西哥與韓國特色的「Chego」和有販售韓式泡菜口味的墨西哥炸玉米餅外，更有集結各種創意 Fusion 料理小吃的 Smorgasburg LA，讓你一攤接一攤嘗嘗墨西哥混日式、韓式、越南式料理，以及來自世界各地，但在這卻被全新演繹的獨特美食，包準你吃個痛快！

代表餐廳

融合法式和韓式的網美餐廳 Republique

Republique 的番茄煎蛋佐長棍麵包

最愛 LA 戶外早午餐的悠閒

早午餐

每到週末，加州人總愛至自己喜歡的餐廳享用早午餐！

號稱全 LA 最好吃的酥脆法式吐司 blu jam cafe、在地獨立藝術工作者熱愛的 Lamill Coffee、健康蔬食早餐店 Cafe Gratitude、連鎖健康早午餐店 Le Pain Quotidien，或是使用健康有機食材的市集式早午餐店 Olive & Thyme 等，各式餐廳都很值得讓人清閒地享受早晨和享用美食。

代表餐廳

/ 時尚網美打卡餐廳
  Catch LA
/ 可欣賞洛城美麗風景的露天
  餐廳 E.P. & L.P.
/ 以酪梨吐司出名的餐廳
  The Hart + The Hunter
/ The Butcher's Daughter
/ Jon & Vinny's

冰淇淋

或許是因為氣候的關係，加州人特別愛吃冰淇淋，即便是冬天也會人手一支。目前連冷壓果汁第一品牌的 Pressed Juicery，以及以杯子蛋糕出名的 Sprinkles 也跟風推出各種冰淇淋呢！

代表餐廳

/ 來自波特蘭的創意天然冰淇淋 Salt & Straw
/ 以黑色活性碳口味出名的
  Little Damage
/ 洛杉磯在地手工精緻冰淇淋
  Sweet Rose Creamery
/ 以牛奶創造出各式口味的
  Milk

Sweet Rose Creamery 的冰淇淋

濃郁、天然，只融你口

餐車

談到LA的餐車文化，就一定要提到洛杉磯「街頭教父」韓裔主廚Roy Choi。擅用社群媒體Twitter的choi，結合韓式烤肉、泡菜和墨西哥捲餅，創造出複和式料理餐車「Kogi BBQ」，推出後一砲而紅，將餐車文化提升到能與主流美食相抗衡的地位，更成了電影《五星主廚快餐車》的故事靈感。

Roy Choi之後更與電影導演及男主角Jon Favreau(也是鋼鐵人的導演及製片)在Netflix推出美食影集《主廚名人齊做菜》(The Chef Show)。LA掀起一陣Fusion風，誕生了許多知名餐車，例如以下。

- 擁有各種創意口味的冰淇淋三明治Coolhaus
- 巴西正宗料理融合墨西哥風的Komodo
- 歷史悠久的經典正宗墨西哥料理餐車Mariscos Jalisco
- 主打扎實肥美龍蝦卷，曾上過美國知名實境創業秀的《創智贏家》(Shark Tank)的Cousins Main Lobster
- 融合日式壽司和墨西哥卷餅的Jogasaki
- 洛城第一個貝果餐車Yeastie Boys

愛餐車文化的洛杉磯甚至每年還有餐車美食節(Street Food Festival)，可試吃到來自LA各地的餐車小吃！

各餐車位置請參考網站：streetfoodfinder.com/c/CA/Los%20Angeles

上過各大節目的龍蝦餐車

各式各樣龍蝦料理

美味的龍蝦堡

餐車經常會集合出沒，和台灣的攤販有異曲同工之妙

>> 攝影祕技 <<

美食攝影技巧

拍攝美食的時候，不管是使用手機、單眼反光相機，或是無反光相機，光線與背景永遠是第一考量。我最喜歡窗光，因為既明亮又柔和；為了完整呈現食物的樣貌，最好選擇木桌與大理石桌，並且讓桌面填滿整個畫面，不要有其他雜亂的背景(如紙巾、包包、鑰匙等小物)，就可以拍出自然又時尚的美食照。

洛杉磯重大節慶
HOLIDAYS IN LA

美國人愛過節，尤其是萬聖節、感恩節和聖誕節。以下是美國聯邦法定節日。

日期	節日
美國聯邦法定節日	
1月1日	新年(New Year's Day)：洛杉磯人通常會在跨完年後隔天早上的8點，參加帕薩迪納市科羅拉多大道(Colorado Blvd)舉辦的盛大玫瑰花車遊行(Rose Parade)
1月第3個週一	馬丁路德紀念日(Martin Luther King Jr. Day)
2月第3個週一	華盛頓、林肯總統誕辰紀念日(Presidents Day)
3或4月	復活節(Easter Day)：約在3月22日～4月25日之間，慶祝基督的復活，並舉辦復活節彩蛋尋寶活動
5月最後一個週一	陣亡將士紀念日(Memorial Day)
7月4日	國慶日／獨立紀念日(July 4th Independence Day)：好萊塢露天音樂劇場(Hollywood Bowl)所舉辦的「國慶音樂煙火」秀最受歡迎 ※其他熱門的煙火慶典所在地包含好萊塢、瑪麗安德爾灣、格蘭德公園、道奇球場、迪士尼樂園和環球影城等
9月第一個週一	勞動節(Labor Day)
10月第二個週一	哥倫布日(Columbus Day)
11月11日	退伍軍人節(Veterans Day)
11月最後一個週四	感恩節(Thanksgiving Day)
12月25日	聖誕節：歐美人最重要、家族團聚的節日。全美約從11月即開始裝置聖誕裝飾、人們拿出只在聖誕節穿的醜毛衣(ugly sweater)。LA則在城市舉辦聖誕樹點燈儀式，街道兩旁點燈、掛滿聖誕吊飾 **推薦聖誕節景點** • 購物中心：葛洛夫購物中心 • 聖誕街區：阿爾塔迪納(Altadena)的長灘聖誕樹大道(Christmas Tree Lane)，和伍德蘭希爾斯(Woodland Hills)的拐杖糖巷(Candy Cane Lane) • 其他：洛杉磯動物園的聖誕燈展(L.A. Zoo Lights)、洛城最美植物園的夜光童話森林(Enchanted：Forest of Light at Descanso Gardens)、洛杉磯郡於格蘭德公園(Grand Park)的冬日燈光秀、瑪麗安德爾灣(Marina Del Rey)和新港／紐波特海灘的聖誕遊船大遊行(Boat Parade)，以及托倫斯的斷頭谷聖誕燈(Sleepy Hollow Christmas Lights Extravaganza)等

氣氛濃厚的趣味節慶

聖派翠克節
Saint Patrick's Day

每年3月17日是愛爾蘭人的國慶。這天老美會穿著代表愛爾蘭的綠色衣物和三葉草上街遊行。愛爾蘭酒吧推出的特製綠色啤酒是必喝的節慶飲料。

科切拉音樂祭
Coachella

每年4月洛杉磯近郊Indigo會舉行音樂文化節——The Coachella Valley Music and Arts Festival，簡稱Coachella。原本是反主流音樂的節慶，後來卻變成全美最大音樂慶典。

萬聖節
Halloween

美國至今仍在慶祝的最古老的節日之一，受歡迎的程度僅次於聖誕節。古愛爾蘭人認為路上的孤魂野鬼不友善，會在晚間跑出來擾亂村莊，因此，村民們決定分發點心撫慰這些鬼魂，以確保下一年的穀物能豐收，這也就是後來「不給糖，就搗蛋」風俗的由來。

每年10月31日，孩童們扮成鬼怪挨家挨戶敲門要糖果，若不給糖，他們就裝作不友善的鬼魂，對這戶家人作怪。

聖誕節
Christmas

從11月中感恩節開始，在很多街頭路口，除了有繁華的聖誕街景，也會看到很多搖著鈴鐺的聖誕老人，這些是慈善組織Salvation Army 的聖誕募款活動，每年都幫助很多有需要的人度過聖誕。除此之外，也有很多義工團體，不論是政府的還是私人的，也會幫忙蒐集玩具或保暖衣物，分發到貧窮辛苦的社區或家庭，讓他們也能夠享受收到聖誕禮物的喜悅。有的機構則是準備大鍋的熱湯或菜肴，在不同的教堂駐站，讓無家可歸的流浪漢們也可以過個溫暖的佳節，非常溫馨。

人山人海的科切拉音樂祭

每年最High的LGBT萬聖節嘉年華

美國人對於燈飾的布置毫不吝嗇

內行人小祕密

請即早搶科切拉音樂祭門票
科切拉音樂祭一票難求，通常需在前一年的6月開始搶票、訂好住宿！購票網址：www.coachella.com

LGBT萬聖節嘉年華
每年萬聖節，洛杉磯的LGBT(Lesbian、Gay、Bisexual、Trangender)團體會於西好萊塢著名的同志區——聖莫尼卡大道(Santa Monica Blvd)上的拉謝內加大道(La Cienega)至達西尼大道(Doheny Dr.)路段，舉辦封街萬聖節嘉年華(Halloween Carnaval)。在這晚，無論男女老少，性別或性傾向，都會盛裝參加，用最誇張、最自在的裝扮走上街頭。在這天，你可以徹底解放，做自己！

Sini Valley

118

沒事做的地方
San Fernando

好萊塢
伯班克機場
Hollywood
Burbank Airport

5

210

50年代樣貌
駭人區域

凡尼斯機場
Van Nuys Airport

170

Burbank

2

電影實際
在此拍攝

101 Calabasas
《與卡戴珊一家同行》

穆荷蘭大道

134

Universal
Studios

Glendale

Pas

好多騎馬的人
Topanga

登山

熱門登山地

格里斐斯公園有鬼

Alhambra

你的豪宅夠大嗎?!

蓋提中心
竟然是免費的?!

Hollywood
名星豪宅之旅

好萊塢標誌
亞美尼亞人社區,
又名珠寶城市

101

文青區

道奇球場

S

永遠在塞車

West Hollywood
時尚、LGBT社區

2

Chinatown

Monterey
Park

$$$$$$ 土石流、大火、名人、狗仔
有錢名人居住聚集,
但也一到晚有名車飆車出車禍
一堆衝浪的人

Brentwood

明星、
有錢人住的地方
UCLA

Beverly Hills
有錢白人區

Echo Park
韓國城

小東京
DTLA
好多流浪漢,
超危險

East LA

城堡
暢貨中心
Commerce

1 Malibu

滿路的瑜伽褲

Culver City

10

USC

110

工業區

華茲塔

710

Do

Santa Monica
都是觀光客

1

威尼斯海灘
有許多怪異或是吸食大麻的人,晚上很危險

Inglewood
幫派聚集

1

105

最高中槍率
Compton

Marina del Rey
$$$$$ 安全、
適合居住,都是遊艇

矽灘

洛杉磯國際機場
Los Angeles
International Airport

過氣的
日本區

91

太 平 洋

Manhattan Beach
有錢白人區

Hermosa Beach
《樂來樂愛你》City of Stars

Redondo Beach
吃海鮮

405

N

1

Long
Beach

Rancho
Palos Verdes

富豪有錢白人區,
超有錢豪宅區

漁夫、碼頭

洛杉磯人眼中的洛杉磯

往聖塔卡特琳娜島

天使之城的祕密檔案
LA CONFIDENTIAL

籠罩在霧霾之中

華人想要感受自己在美國
但不想大老遠跑到西邊、著名的玫瑰花車遊行

通往
拉斯維加斯

210

210

Azusa

Arcadia
華人區的比佛利

adena

San Marino
超有錢白人＆華人區

57

10

Ontario
安大略國際機場
Ontario
International
Airport

暢貨中心、
搭華航回台灣的地方

ian Gabriel
小台北，有許多台灣小吃
El Monte

In-N-Out 漢堡

West Covina
Ikea 買傢俱

Pomona

10
很多中餐廳、港式點心

605

City of
Industry

60

Chino

60
賭場＆暢貨中心

Whittier

60

Rowland Heights
有許多台灣小吃

Diamond Bar

71

Chino Hills

15

最古老的
麥當勞
wney

這是啥地方?!

57

Cerritos

Fullerton

91
有錢白人區

通往棕梠泉 →

605

241

長灘機場
Long Beach Airport

Anaheim
天使隊

55
中產階級

Disneyland
世上最快樂
的地方

聖塔安那焚風
的來源處

22

405

261

有錢白人區

South Coast Plaza
可以大買特買

133

Huntington
Beach
一堆衝浪的
帥哥美女

Irvine
約翰韋恩機場
John Wayne Airport

241

郊區，
適合養老的好地方

55

405
有錢小孩
聚集處

Newport Beach
影集《玩酷世代》
拍攝處

73

1

5

富二代聚集   保守、傳統

Laguna Beach MTV 實境秀
《Laguna Beach》拍攝處

23

「洛杉磯」源自西班牙文的「天使之城」，縮寫「L.A.」，是加州人數最多的城市，也是全美第二多人的大城，擁有著1,800多萬的居民，不愧是「夢想之城」。

LA屬於陽光普照的地中海型氣候，不但是南加州文化、經濟和商業中心，更是娛樂中心，LA的電影、電視、音樂產業所產生的生產總值高達近9,800億（2017年資料）。

除了娛樂，LA在運動方面還有湖人隊（Lakers）、快艇隊（Clippers）和道奇隊（Dodgers）等，曾是1932年和1984年奧運的主辦城市，2028年也即將主辦奧運。

LA並不只是一個城市

大家平日所指的LA其實是「大洛杉磯區」（Greater LA），是全美第二大都會區，共包含南加州5個郡，每個郡占地都極廣，郡與郡之間距離遙遠。本書中介紹的洛杉磯將以洛杉磯郡為主，橘郡為輔。

洛杉磯迷思

大家對於洛杉磯這個城市的印象大多來自電影和觀光景點，因此也形成許多刻板印象。在下面這張圖中，我們可以看到遊客和洛杉磯人眼中的洛杉磯，有很大的不同！

大洛杉磯5個郡

╱ 凡圖拉郡（Ventura County）
╱ 洛杉磯郡
 （Los Angeles County）
╱ 橘郡／橙縣（Orange
 County，簡稱The O.C.）
╱ 聖伯納迪諾郡
 （San Bernadino County）
╱ 河濱郡（Riverside County）

遊客眼中的洛杉磯

暢遊 洛杉磯

Iconic LA

經典洛杉磯

LA ATTRACTIONS

10 大熱門景點

人們總是把洛杉磯和好萊塢、比佛利山莊、環球影城、迪士尼樂園和海灘聯想在一起。若你立志走遍洛杉磯大街小巷，這本書能從在地人的觀點帶你深度了解這個城市，來一趟經典地標之旅！

比佛利山莊 Beverly Hills
好萊塢明星之家

比佛利山莊總讓大家聯想到好萊塢名人、豪宅、超跑、名牌、奢華，以及動過整型手術的俊男美女。

也因為受到電視影集《飛越比佛利》(90210)的影響，這區的郵遞區號90210成為比佛利的代名詞。此區著名的羅迪歐大道被人暱稱「名店街」，因為街道兩旁充斥著奢華精品店、餐廳、超跑，還會看到明星出沒。電影《麻雀變鳳凰》(Pretty Woman)裡女主角就是在這裡大買名牌商品。

比佛利花園
(Beverly Gardens Park)

花園前的比佛利標誌和噴水池是經典拍照點，玫瑰花園及背景的灰石城堡(Greystone Mansion)也是電影的熱門拍攝點。

比佛利山莊旅館
(The Beverly Hills Hotel)

好萊塢名人們鍾愛的聚集會所，粉綠色熱帶風情的夢幻風是IG熱門打卡點。

#地址　9390 N. Santa Monica Blvd, Beverly Hills, CA 90210(在這裡以比佛利山莊標誌作為參考地址)
#開放時間　全日
#票價　免費
#交通指引　於導航系統輸入以上地址
#停留時間　2小時
#網址　lovebeverlyhills.com(比佛利山莊觀光局)

超夢幻、超傳奇的比佛利山莊旅館

整條馬路都是你的伸展台

經典比佛利標誌

内行人小祕密

巨星豪宅之旅

建議可以上網尋找 Star Map，按照上面的標示自己開車尋找明星之家，或參加當地的小巴士明星豪宅巡禮，一次大約2小時。雖不可能實際看到房屋內部，但可遠眺這些豪宅，感覺與好萊塢明星距離近了一些。詳情請參考 Starline Tours 官網。網址 www.starlinetours.com

---

攝影祕技

棕櫚樹大道攝影技巧

來到加州一定要拍張高聳至藍天的棕櫚樹照片，漫步在大街上，搭配上溫暖美麗的加州陽光，再「加州」不過了！你可以從比佛利山莊旅館的比佛利大道往東南方向開，行駛在日落大道和洛米塔街(Lomita Ave)之間的時候拍到這個畫面。建議一早或假日非尖峰時間去。

好萊塢標誌 Hollywood Sign
好萊塢明星夢的經典象徵

　　如同巴黎的巴黎鐵塔、紐約的帝國大廈，洛杉磯的代表則是「HOLLYWOOD」白色標誌。這個經常出現在好萊塢電影裡的經典地標，原是1923年當地建商的建案宣傳。

　　好萊塢標誌每個字母高50英呎、寬30英呎，整個標誌長450英呎。原來9個字母由4,000顆燈泡點亮，但建商卻任其荒廢，直至1949年好萊塢商會募款修復，2010年用薄金屬取代原來的木製字母，最終成為現今舉世聞名的景觀。

拍攝經典好萊塢標誌的地點

　　電影裡常看到演員爬至好萊塢標誌的字母上，但其實一般民眾最高只能爬到這些字母正後方的山上，若擅自闖入將會看到柵欄、監視攝影機、紅外線偵測器，或不時盤旋在側的直升機，甚至還會啟動語音警示系統要求你離開，違者罰鍰$283美元。

布朗森石窟

沿路都有清楚標示，避免登山者迷路

遠看格里斐斯天文台

拍攝經典好萊塢標誌

以下介紹幾種近距離的拍攝方式：

- 搭乘直升機俯瞰好萊塢標誌。
- 從好萊塢高地購物中心旅客中心遠眺。
- 從格里斐斯公園（Griffith Park）往上爬，可於格里斐斯天文台享受洛杉磯的美景和好萊塢標誌。
- 將車子停在峽谷湖路，改由步行前往好萊塢湖公園（Lake Hollywood Park）。
- 從布朗森大道（Bronson Ave）一路往北開，斜右方接峽谷湖路（Canyon Lake Drive），將車停好準備登山。往右可步行至布朗森石窟（Bronson Caves），這裡是電影《蝙蝠俠》（Batman）的蝙蝠洞拍攝地；往左則是布拉什峽谷（Brush Canyon）。往左邊後再一路往西，沿途可停下俯瞰洛杉磯、遠眺天文台、好萊塢標誌。

請注意 這條路風景雖美但路程較長，需花1.5～2小時。建議著夏季運動裝及防滑球鞋，外加外套，而且沿途鮮少樹蔭可躲，容易中暑。

- 想拍到經典好萊塢標誌就要爬到Mt. Lee的山頂了！沿著上一點的路線往西北的Mt. Lee山頂，你將處在好萊塢標誌的正後方。整段行程1.5～2小時。

請注意 當你爬到某個高度後將有一段路會完全沒有收訊，建議先下載當地離線地圖至手機，以防不時之需。

山頂風景明媚

也可以騎馬上山看沿途美景

#地址　3200 Canyon Dr, Los Angeles, CA 90068（最輕鬆、最靠近Hollywood Sign的登山途徑）
#電話　323-279-2110
#開放時間　登山步道日出至日落每日開放
#票價　免費
#交通指引　請於導航系統輸入地址，再按照本文「如何拍攝經典的好萊塢標誌照片呢？」的指示前往
#停留時間　3～4小時
#注意事項　請記得準備充分水分，以防脫水中暑
#網址　www.hollywoodsign.org

內行人小祕密

最容易拍攝到的方法

若覺得以上方式太複雜，可以參加Airbnb所提供的好萊塢登山導覽，讓當地人帶你一起爬山。
網址：abnb.me/68aDp4a9ES

攝影祕技

拍攝好萊塢標誌的最佳角度、時段及注意事項

- 至Mt. Lee山頂，可從好萊塢標誌後面拍攝LA全景，日落前半小時最適合拍照。
- 好萊塢標誌附近沒有管制無人機，所以可嘗試使用無人機攝影。請注意 若是從格里斐斯公園步行過來，附近則是禁止使用無人機。
- 可利用手機的全景模式拍下整個好萊塢標誌。

知名的脫口秀 Jimmy Kimmel Live 也固定在這裡爆笑的街訪

好萊塢星光大道 Hollywood Walk of Fame

好萊塢美國夢千古留名

這裡是洛杉磯最知名，也是觀光客必訪的景點（許多知名夜店也位在此區），每年吸引超過1,000萬人造訪。星光大道在1960年正式鋪造完成，從拉布雷亞大道(La Brea Ave)到高爾街(Gower St)長約2.1公里。從好萊塢大道(Hollywood Blvd)和藤街(Vine St)往南的三個街區，總共有超過2,600顆「星星」。

這些「星星」由珊瑚紅大理石、五角黃銅星及星星內不同類別的圖案組成，並鑲嵌在灰色的大理石地面上，用來推廣、褒獎演藝界傑出人士的貢獻，每年大約會新增20顆。

星星分為5類，代表電影類的錄影機、電視類的電視機、音樂類的唱片、廣播類的麥克風和戲劇舞台類的悲喜劇面具。星星除了以上提到的5個

類別外，最近還新增一個特別類別來表揚有特殊貢獻的企業、服務團體和特殊榮譽者，如：前洛杉磯市長湯姆・布萊德利(Tom Bradley)的星星搭配洛杉磯市徽、洛杉磯警署(LAPD)搭配洛杉磯警署好萊塢分局的徽章、維多莉亞的祕密(Victoria's Secret)和洛杉磯道奇隊則搭配各自的企業徽章等。

整條大道最熱鬧的一帶位於好萊塢高地購物中心、杜比劇院和中國戲院(TCL Chinese Theatre)。街道兩邊販賣各式奧斯卡小金人獎盃、電影劇

內行人小祕密

參觀星光大道注意事項
- 想要知道名人星星在哪？請參考網址 hwof.com/stars。
- 千萬不要與好萊塢大道上的英雄扮裝街頭藝人拍照，也不要拿路邊黑人發放的CD，否則他們會跟你索討小費喔！
- 除了首映會及頒獎典禮，這裡也常有電影或電視劇的拍攝活動，經常會封街。

本、明星照等好萊塢紀念品。鼎鼎大名的中國戲院是眾多大咖電影的首映會地點，包括1977年上映的《星際大戰》、奧斯卡頒獎典禮等都曾在此舉行。戲院門口羅列了世界知名影星、大導演、王牌製片人的手、腳印，還包含了影院主人對創辦人席德‧格勞德(Sid Grauman)的私人感謝訊息。

好萊塢大道上知名景點

- 前身為柯達劇院(Kodak Theatre)，後為奧斯卡獎頒獎處的杜比劇院(Dolby Theatre)
- 山達基教中心(Scientology Center)
- 埃及戲院(Egyptian Theatre)
- 可體驗老好萊塢往日風華，但現今只播放迪士尼電影的埃爾卡皮坦劇院(El Capitan Theater)
- 好萊塢名流聚集，經典的羅斯福旅館(The Hollywood Roosevelt Hotel)
- 栩栩如生明星蠟像的杜莎夫人蠟像館(Madame Tussaud's Wax Museum Hollywood)
- 可遠眺好萊塢標誌的好萊塢高地購物中心(Hollywood & Highland)
- 重現知名電影場景的好萊塢蠟像館(Hollywood Wax Museum)
- 信不信由你金氏世界紀錄博物館(Hollywood's Guinness World of Records Museum)
- 展覽知名電影電視布景道具及戲服，並介紹好萊塢特效的好萊塢博物館(Hollywood Museum)

#地址　Hollywood Blvd
#開放時間　全日開放
#票價　免費
#交通指引　請於導航系統輸入Hollywood & Highland，停車後再搭乘電梯到1樓，往外面的好萊塢大道走，即為星光大道的精華熱鬧區。若搭乘地鐵，則直接在Hollywood & Highland站下車
#停留時間　1～2小時
#注意事項　集中在Sycamore Ave Vine St之間
#網址　www.walkoffame.com

1	2	5
3	4	

1 杜比劇院是每年奧斯卡頒獎的地點　**2** 高地購物中心也是走馬看花的好去處　**3** 連道奇隊都有星星　**4** 看得出來這是阿湯哥的簽名嗎？　**5** 中國戲院是第一家擁有空調系統的電影院

─────── 內行人小祕密 ───────

洛杉磯景點一卡通專人導覽

探索好萊塢，最簡便的方法是購買洛杉磯景點一卡通(Go Los Angeles Card)專人導覽，包含明星豪宅導覽、中國劇院導覽、杜比劇院導覽、杜莎夫人蠟像館門票、好萊塢博物館等眾多門票。網址：bit.ly/2UT7wxr

道奇球場 Dodger Stadium

洛杉磯道奇隊的主場

道奇球場位於洛杉磯的伊利森公園(Elysian Park)，是洛杉磯道奇棒球隊的主場。由

#地址 1000 Vin Scully Ave, Los Angeles, CA 90012(道奇球場)
#電話 +1-866-363-4377
#票價 依不同比賽場次而異
#網址 www.mlb.com/dodger

私人機構費時將近3年、花費約2,300萬美元打造而成，於1962年正式開放。到目前為止，道奇球場仍為密西西比河以西、MLB裡最老的球場，也是美國第三老的球場，更是目前全世界座位最多的球場。到這看球賽別忘了點個著名的道奇熱狗！

沒能遇上球季很是可惜

同一個山頭可以眺望球場與市區

此生必盪的鞦韆之一祕密鞦韆

內行人小祕密

祕密鞦韆

伊利森公園是洛杉磯面積第二大、年代最老的公園，建於1886年，每日開放時間為日出至日落。除了道奇球場外，這個公園還有個當地人才知道的隱藏版祕密鞦韆，位於可俯瞰道奇球場的Angels Point附近，只要於導航輸入「Swing On Top of Elysian Park」，它會直接引導你到離鞦韆最近、開車能到的登山小徑入口。在附近找地方停車後，下車爬段小小的山丘，約5分鐘即可抵達鞦韆(這段路有點陡滑，建議穿球鞋)。鞦韆上絕佳的視野及風景，讓這裡成為洛杉磯在IG上的熱門祕密景點，好看又好拍！

球迷們來LA必造訪的史坦波中心

史坦波中心 Staples Center
▎NBA球迷、流行樂迷朝聖地

洛杉磯市中心的史坦波中心自1999年正式啟用之後，除了成為NBA唯一被兩支球隊(Lakers和 Clippers)共用的主場外，還是女籃WNBA火花隊及美國冰上曲棍球聯盟NHL國王隊的主場，更是葛萊美獎頒獎地和許多歌手舉辦演唱會的場地。它每年舉辦超過250場活動，約4,000萬人次造訪，還是2028年夏季奧運籃球賽事的舉辦地。

緊鄰的「活力洛城」(L.A. Live)是個結合娛樂、購物、餐飲、高級旅館和住宅的複合式娛樂城，一到晚上會有各種五光十色的LED看板閃耀不停，冬季時還會建造人造滑雪場，替前往史坦波中心的民眾增添娛樂性。

#地址　1111 S. Figueroa St, Los Angeles, CA 90015
#電話　213-742-7100
#票價　依不同比賽或表演而異
#網址　www.staplescenter.com

冬天還有搭建滑冰場，十分夢幻美麗

場內熱鬧萬分

葛萊美博物館是樂迷不可錯過的朝聖地

───── 內行人小祕密 ─────

葛萊美博物館(Grammy Museum)
葛萊美博物館也位於活力洛城，主要介紹葛萊美獎的歷史、音樂種類及得獎者，設有許多互動遊戲，對於喜愛音樂的人來說是個不錯又輕鬆的體驗！若使用「洛杉磯景點一卡通」的套裝行程票，會划算很多，詳情請見網站。網址：bit.ly/2MVhgEE

聯合車站既復古又現代，建築迷們不可錯過

聯合車站 Union Station
洛杉磯大眾交通中樞

在眾多電影及美劇中出現的洛杉磯聯合車站是棟美麗的30年代建築，結合了三種建築風格，裝飾風藝術、西班牙教會復興樣式 (Mission Revival) 和流線型現代建築 (Streamline Moderne)，被列入國家史蹟名錄。

自1939年正式啟用迄今，聯合車站仍是美國西部最大的鐵路站，每天約有11萬名乘客於此搭乘地鐵、美國國鐵和火車。它最壯觀的地方是乘客候車室，高40英呎的窗戶、裝飾風藝術 (Art Deco) 的吊燈、內嵌的大理石地板和手繪地磚，這些特色讓聯合車站成為攝影師和網美最愛最愛的拍照點。

候車室舒適的座椅只供真正有買車票的旅客使用

車站內復古設計細節處處令人驚豔

#地址　800 N. Alameda St, Los Angeles, CA 90012
#開放時間　04:00～13:00
#票價　免費
#交通指引　東邊的停車場24小時開放，每15分鐘$2，每日最多$8。西邊的停車場不可停過夜，Lot B和Lot D皆每15分鐘$2，每日最多$16
#停留時間　1小時
#網址　www.unionstationla.com

氣氛完全不輸紐約中央車站，打卡必訪

威尼斯海灘濱海大道 The Venice Beach Boardwalk/Ocean Front Walk

洛杉磯最奇特的海灘

威尼斯海灘是洛杉磯海灘的代表，綜合了世界各地人們的活力和單純的大自然美景，與LA一樣充滿多元文化色彩，以運河、海灘和各式街頭藝人著稱。

走一趟濱海大道你可以看到穿著直排輪的女孩、跳街舞的團體、賣各式物品的攤販，紀念品商店、刺青店、滑板店、衝浪店、合法藥用大麻店、街頭藝人，還有多彩的街頭塗鴉牆，更有一群熱愛在海邊使用各種健身設備、大展肌肉和馬甲線的猛男在肌肉海灘(Muscle Beach)健身。不遠處的滑板公園(Skate Park)則有許多溜滑板的男孩。

海景第一排，夕陽無限好

很難想像在洛杉磯也有水都景致

#地址 1800 Ocean Front Walk, Venice, CA 90291(威尼斯海灘海濱大道)
#電話 310-396-6764
#開放時間 週一～六08:00～19:00，週日10:00～16:00
#票價 免費
#交通指引 建議可停在Venice Sign(位於Pacific Ave & Windward Ave, Venice, CA 90291)附近，再走路進入海灘。建議別在尖峰時刻前往，否則很難找停車位
#停留時間 3小時
#網址 https://ppt.cc/ftE0Ox

不要害羞，露就對了！

必拍景點，紅綠燈的時間很充裕

內行人小祕密

威尼斯運河區(Venice Canals)

威尼斯運河區隱身於威尼斯海灘附近的住宅區中。當初煙草商艾伯特‧金尼(Abbot Kinney)刻意在洛杉磯打造一個與義大利威尼斯風格相同的社區，目的是試圖用藝術帶起美國的文藝復興。

洛杉磯早期一代的詩人和藝術家都曾集中於這4條小運河兩旁的房子。現今這區是有錢人的城內度假小屋，每戶坪數不大但皆有自己的特色，還有碼頭和小木船，可真的用來在運河上划行。要前往威尼斯運河區，只需在Google Map搜尋Venice Canals就可以找到。

聖塔莫尼卡碼頭 Santa Monica Pier

加州經典度假海灘代表

到了洛杉磯，絕不可錯過海邊度假勝地——聖塔莫尼卡。它是美國西岸海灘濱海城市的原型，也擁有世上第一座固定沙灘排球場。

聖塔莫尼卡位於洛杉磯機場北方 8 英哩，與 Colorado Ave 相連，冬暖夏涼，這裡有充滿歡樂的碼頭、多采多姿又悠閒的行人步道、世界級美食、街頭藝術表演，及琳瑯滿目的高級購物區。

聖塔莫尼卡碼頭是這裡主要地標，擁有近百年的歷史，往海岸方向走，可看到巨大的碼頭標誌，碼頭上包含了餐廳、小型水族館、適合全家大小度過歡樂時光的遊樂園——太平洋遊樂園。公園中高達 100 英呎的摩天輪是當地招牌，也是全球唯一一個靠太陽能發電的摩天輪，被列為國家歷史地標。

此外，公路之母「66 號公路」是美國史上主要交通要道之一，貫穿東西，曾是美國最有活力的動脈，起點位於芝加哥。這裡便是 66 號公路的終點，因此成為洛杉磯的知名打卡景點。

#地址　200 Santa Monica Pier, Santa Monica, CA 90401
#電話　310-393-7593
#開放時間　全日
#票價　免費
#交通指引　自駕者建議可停在 Broadway 和 2nd St. 街口的公共停車場，1.5 小時內免費停車，超過的第一個小時 $2，之後每 30 分鐘 $2～3，週間一天最高 $20，週末則最多 $25
#停留時間　2～3 小時
#網址　santamonicapier.org

越夜越美麗的碼頭入口，車子可直接開進付費停車場

太平洋遊樂公園裡面的遊樂場項目，玩得開心大過於玩得刺激

走入鬧街，各家購物百貨名牌一應俱全

―――――――――― 攝影祕技 ――――――――――

聖塔莫尼卡攝影注意事項
- 腳架是你的好朋友，請多加利用。
- 碼頭上的摩天輪燈光不斷變化，耐心等待幾個循環，找到你最愛的色系。
- 氣溫低的時候，請記得穿暖和一點。

好萊塢環球影城 Universal Studios Hollywood
親身體驗好萊塢魔幻電影世界

以洛杉磯娛樂之都聞名的「環球影城」，是電影、美劇迷來洛杉磯必造訪的遊樂園。早在1915年，環球影業即在此提供收費的片場導覽，是製片公司片場之旅的始祖。這裡也是全世界第一座環球影城，擁有其他影城沒有的設施！

整個影城分為上、下園區，正門入口往上園區包含大部分的遊樂設施，可提早從這裡開始玩起，像是哈利波特魔法世界（The Wizarding World of Harry Potter）、辛普森飛車（The Simpsons Ride）、環球影城遊園列車之旅（Studio Tour）。接著再搭乘三段頗長的電扶梯往下至下園區，體驗神鬼傳奇雲霄飛車（Revenge of the Mummy）、侏羅紀世界（Jurassic Park）、變形金剛：3D飛車（Transformers）等遊樂設施。

辛普森飛車 (The Simpsons Ride)

辛普森飛車是虛擬實境的雲霄飛車，總搭乘時間為5分鐘。維持影集一貫的諷刺搞笑，這裡的飛車影像也是走惡搞路線，不斷搖晃上下的車廂搭配上特別打造的劇情，讓你體驗刺激也歡笑無限。

神偷奶爸小小兵(Despicable Me Minion Mayhem)

可愛又刺激的3D動感雲霄飛車讓大家變身小小兵，一起體驗歡樂的世界。一旁的「淘氣樂園」源自同名電影，以片中碼頭公園為靈感打造樂園，讓人玩到一身濕還嫌不夠過癮。

陰屍路鬼屋 (The Walking Dead)

美劇《陰屍路》（The Walking Dead）是美國電視台AMC推出的熱門影集，2016年與環球影城攜手推出「陰屍路鬼屋」，還原影集中的場景、服裝和殭屍。真人打扮的喪屍和機械人殭屍會不時從四處竄出，挑戰遊客們的膽量。

#地址 100 Universal City Plaza, Universal City, CA 91608

#電話 +1-800-864-8377

#開放時間 平日、週日08:30～18:00，週六09:30～21:00(時間可能會隨季節變動，建議先上官網確認)

#票價 有多種票價，也會隨日期、時間不同而調整。週間較便宜，週五稍貴一些，週末最貴。可現場購票或提前購票。普通票$109～129，快速通關票$179～259，VIP票(含免排隊、個人導覽、代客泊車和餐點等)$349。可購買KKday的洛杉磯景點一卡通，三日以上的套票行程中包含最基本的環球影城票，與其他包含景點一併使用較為划算

#交通指引 從洛杉磯市區走101公路往北，在Universal Studios Blvd出口下，跟著沿路的指標開即可到達

#停留時間 1日

#注意事項 建議在非假日時間前往，並在園區一開門即進入，人潮會較少。停車方式分為三種，前門停車為離樂園最近的停車場，18點之前進入，一日為$50，18點之後進入為$30；第二近的停車場18點之前進入，一日為$35，18點之後為$20；一般停車場18點之前進入，一日為$25，18點之後為$10

#網址
www.universalstudioshollywood.com

環球影城經典必打卡入口處

哈利波特魔法樂園
(The Wizarding World of Harry Potter)

這裡是整園區最夯的遊樂點，原汁原味還原電影中的霍格華茲城堡和活米村 (Hogsmeade Village)，身為哈利波特迷的麻瓜們絕對不可錯過！

「哈利波特禁忌之旅雲霄飛車」是其中最好玩也最黑暗的遊樂設施，漫長的排隊過程中還會經過電影場景，例如鄧不利多的辦公室，以及黑魔法防禦教室等。搭上軌道車後，它精緻、讓人身入其境地的 3D 特效設計結合實體軌道車，乘客將騎著飛天掃帚跟著哈利高速飛行，仿真及刺激程度讓人不禁上癮想多玩幾次！

之後，遊客們可以在三根掃帚酒吧用餐，附近還有數不清的商店，想購買哈利波特紀念品及衣著的人，可以在這裡大買特買，更別忘了買隻魔杖在園中 13 處施展魔法喔！（園內還有可配合魔法感應的「魔法櫥窗」，需另外購買魔杖。）

此外，魔法樂園內的另一項

熱門雲霄飛車「鷹馬的飛行」，也很適合全家大小玩樂。這個雲霄飛車速度不快、不高、時間短，適合初次體驗雲霄飛車的人。離開前，別忘了點杯人氣飲料奶油啤酒。雖名為啤酒，但其實不帶任何酒精，而且非常甜！

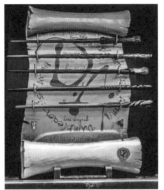
各式各樣的魔法棒滿足你的哈利波特夢

買根魔杖在樂園中施展魔法吧！

夜晚、上演燈光秀的霍格華茲神秘感十足

來杯人氣奶油啤酒吧！

走在裡面小驚喜會從四面八方出現

哈利波特園區是目前最夯的園區，總是大排長龍

白日壯觀的霍格華茲，彷彿進入電影場景

環球影城遊園列車之旅 (Studio Tour)

園內最經典的遊樂設施非環球影城遊園列車之旅莫屬了。長達一小時的旅程將遊客帶入環球影業最經典電影的世界中，導覽車上有對片場瞭若指掌的導覽員——《今夜秀》主持人吉米·法倫的主持，和隨車解說員共同替乘客們解說。

遊園列車可以親身體驗拍片感受

整趟旅程，除了有 3D 金剛與恐龍在你身旁廝殺搏鬥，十分刺激；還有希區考克驚魂記中的「貝茲旅館」、「世界大戰」中的墜機畫面和經典的「大白鯊」，之後更加入電影《玩命關頭》橋段，利用 360 度環場螢幕和 3D-HD 技術，讓觀看者一起跟著唐老大和莉蒂飆車追逐。

若擔心無法聽懂全英文導覽，一進入影城之旅入口後，可以詢問中文團的時間表，選擇「中文導覽」列排隊，全程將有中文解說員做導覽。

變形金剛：3D 飛車 (Transformers)

以電影《變形金剛》為主題的虛擬雲霄飛車，搭配多個大型 3D 特效全螢幕和超炫立體聲光效果，讓人變身特種部隊，跟變形金剛中的博派飛天遁地，並肩作戰擊倒敵對的狂派。搭乘時間為 4 分 30 秒。

水世界 (Waterworld)

表演時間為 15 分鐘，是園內最精采的表演秀。取材自同名電影，場面浩大，充滿特技表演和壯觀爆破場面。水世界於 20 多年前推出，前後經歷園內多次大規模的設施、表演秀汰換，到目前仍屹立不搖，可見其受歡迎的程度。

環球大道 (CityWalk)

這條大道與園內的 CityWalk 相連，兩旁巨大誇張的招牌、各式餐廳和連鎖商店，三層樓高的巨型金剛及吉他看板則是遊客們最愛的照相背景。入園前、參觀完之後，環球大道很適合休息逛街或享用餐點。

歷史悠久的水世界秀場面壯觀刺激，座無虛席

侏羅紀世界
(Jurassic World)

　　園內最刺激也最受歡迎的設施，其中將人全身噴濕的侏羅紀世界，配合電影《侏儸紀世界》(Jurassic World)升級大改造後重新推出，包含許多恐龍品種，用超炫科技，以及刺激列車體驗，打造恐龍新世界。

神鬼傳奇雲霄飛車
(Revenge of the Mummy)

　　這也是園內另一個很受歡迎的景點。它的特色是搭乘整段路程黑暗的雲霄飛車，過程中會有木乃伊突襲，以及上下左右前後不停翻轉，著實刺激，但對於有暈眩症的人來說可能會有點可怕。搭乘時間2分鐘。

升級版、重新推出後的「侏羅紀世界」充滿著喜好刺激的遊客

最新推出、刺激萬分、玩到全身淋濕的侏羅紀世界是園內的大熱門設施

劇中小藍現身與大家互動拍照

內行人小祕密

如何規畫行程

* 上網購票比現場購票便宜，也節省時間。
* 購買「快速通關票」，可大大節省排隊時間。即便如此，還是建議越早入園越好。
* 下載並善用環球影城的APP，可以查詢園內表演秀的時間，遊樂設施的等候時間，分別將他們加入內建的行程規畫來做最有效率的安排。此外，大家可利用APP註冊園內的免費無線網路。

玩樂注意事項

* 指紋辨識置物櫃：環球影城內備有使用指紋辨識的置物櫃，在進行每個活動之前，工作人員會建議大家把東西放進置物櫃。記得先至各排置物櫃中間的電腦螢幕查詢是否有空的櫃子，再跟著螢幕的指示進行指紋按壓。取出物品也是同樣步驟。
* 萬聖節驚魂夜：環球影城一到萬聖節會推出萬聖節驚魂夜，建議大家可以來感受一下特別搭設的迷宮鬼屋，或其他特別活動。

迪士尼樂園 Disneyland Park

世上最歡樂的地方

#地址　1313 S. Disneyland Dr, Anaheim, CA 92802

#電話　714-781-4636

#開放時間　平日 09:00～21:00，週末 08:00～23:00(依日期、節日、季節不同會有變動，請上官網確認)

#票價　依日期和不同套裝行程而異，詳情請見官網或上 KKday 購買一或三日票卷：www.kkday.com/zh-tw/product/4051?cid=7243。

#交通指引　洛杉磯市區出發，走 1-5 S(往南)，在 Disneyland Dr 下，之後跟著沿路指示即可到達，停車每日每車為 $25，可於園內購物憑證折抵

#停留時間　1～3日(通常建議2日即可)

#注意事項　1.需先把車停在園外的停車場，再搭乘接駁車進入樂園。2.過安檢時，自拍棒或是大小無法收入身上背包的腳架皆不可攜帶入園。3.先上網購票，可以節省現場窗口購票的排隊時間。4.可於開園前1小時抵達停車、排隊和過安檢。一開園即進入，即便無 FASTPASS，也不會花太多時間排隊

#網址　disneyland.disney.go.com

*迪士尼樂園遊樂設施眾多，本書將遊樂設施之原文詳列在書末，敬請參閱。

位在加州安那罕(Anaheim)，1955年開幕的迪士尼樂園，是全球第一座、也是唯一一座由華特·迪士尼親自參與設計、建造，直到完工的迪士尼樂園。至今，它已經過多次擴張和改造，包括新建「紐奧良廣場」、「熊熊王國」(現已更改為「動物王國」)和「米奇卡通城」等。

90年代開始，迪士尼集團積極拓展，除了原本的主題樂園外，還增建三間迪士尼樂園旅館、由停車場改建的「迪士尼加州冒險樂園」以及集購物、餐飲和娛樂於一地的「迪士尼小鎮」。2019年迪士尼新增星際大戰主題的遊樂設施「星際大戰：銀河邊緣」。

開幕至今，迪士尼樂園共吸引超過7億名遊客造訪。儘管世界各地皆有迪士尼樂園，但唯有加州的這座迪士尼樂園才是所有迪士尼的初始地。60幾年來這裡的軟硬體不斷更新，讓大朋友回憶童年、保有童心，讓小朋友對未來充滿夢想，並且體驗未來。它是名符其實的「世上最歡樂的地方」。裡面擁有8大主題樂園包，含了下列各種遊樂和娛樂設施。

白雪公主城堡人潮幾乎不會間斷

迪士尼樂園票價

門票種類	英文票名	10歲以上(美元)	3～9歲兒童(美元)
1日單園	1 Park Per Day	$104～149	$98～141
1日雙園	Park Hopper Ticket	$154～199	$148～191
2日單園	1 Park Per Day, 2-Day	$225	$210
2日雙園	Park Hopper Ticket, 2-Day	$280	$265
3日單園 包含提早入場的魔幻早晨票	1 Park Per Day, include Magic Morning, 3-Day	$300	$280
3日雙園 包含提早入場的魔幻早晨票	Park Hopper Ticket, include Magic Morning, 3-Day	$355	$335

迪士尼遊行世界聞名　　　　　　　　　　　所有迪士尼經典人物都出動

美國小鎮大街
(Main Street, U.S.A.)

　　主題樂園一走進來即是「美國小鎮大街」，仿照20世紀初的典型美國中西部小鎮打造，以華特・迪士尼幼時所居住的密蘇里州「馬瑟林鎮」為設計靈感，有火車站、小鎮中心廣場（實際上是遊客中心）、電影院、市政廳、消防局、商場、商店、遊樂中心、雙層巴士、點心咖啡店和馬車等。

　　美國大街走到底，是睡美人城堡和中央廣場，直走跨過橋經過城堡即通往「幻想世界」，往左為「冒險世界」和「邊域世界」，往右則為「未來世界」。

　　可在這條街上的迪士尼藝廊、紀念品店買到迪士尼相關商品、卡通玩偶以及公主服等商品。樂園的重頭戲之一是每

路上隨時都有歌舞表演

日兩次的花車遊行，會有眾多角色出場，包含了迪士尼的經典人物。請記得提早至少半小時至大街兩旁卡位，否則之後就得在萬頭攢動中找空隙看遊行囉！

冒險世界 (Adventureland)

　　當初迪士尼設計「冒險世界」時，靈感取自異國熱帶雨林小島，華特・迪士尼說：「為了讓這個夢想成真，讓我們想像自己遠離文明，身在亞洲和

非洲與世隔絕的叢林深處。」這裡的遊樂設施包含「叢林巡航」、「印第安納瓊斯冒險旅程」、「泰山樹屋」，和第一個使用發聲機械動畫人偶系統的「魔幻提基神殿」。

　　「印第安納瓊斯冒險旅程」是園內最熱門、最刺激、排隊也最長的遊樂設施。取材自同名系列電影《法櫃奇兵》(Raiders of the Lost Ark)，遊客們跟隨著考古學家印第安納瓊斯的足跡，從排隊到進入殿內，可以觀賞各種30年代復古逼真的前導影片，搭軍用越野吉普車一同在黑暗中探險，通過層層關卡，再深入由超能力保護的神祕失落古廟。最後的旅程高潮，巨石忽然從上方滾下，刺激又好玩！

紐奧良廣場
(New Orleans Square)

1966 年開幕的「紐奧良廣場」具有加勒比海與異國風，依照 19 世紀的紐奧良所設計，四處可見爵士樂表演，而廣場裡面的遊樂設施包含「神鬼奇航海盜船」和園內元老級、由 999 個開心鬼怪幽靈居住的「幽靈公館」。此外，這裡也是迪士尼樂園中不能說的祕密「33 俱樂部」的所在。

電影《神鬼奇航》(Pirates of the Caribbean) 系列的靈感其實是來自迪士尼主題樂園中的遊樂設施「加勒比海海盜（船）」。它是華特·迪士尼親自監造的最後一個遊樂設施，因此有著歷史性的意義。整趟海盜旅程在暗黑的地下河道進行，乘船跨越 Bayou 河口，體驗海盜們的尋寶的樂趣。2017 年增加《神鬼奇航》中由強尼·戴普所飾演的傑克船長的擬真機器人，與船上遊客互動。登船後，對岸的藍色海灣餐廳則模擬在南方莊園後院舉辦晚宴的氛圍。

幽靈公館

馬克吐溫渡輪就在紐奧良廣場旁邊

邊域世界 (Frontierland)

「邊域世界」重新塑造了美國開疆拓土時的拓荒場景，充滿了西部風情。根據華特·迪士尼所言：「所有人都該為我們祖先開疆拓土的精神與歷史而感到驕傲，而邊域世界的設計是為了讓遊客能夠身歷其境，感受和參與美國拓荒及早期殖民的日子。」

這裡的遊樂設施包含「巨雷山鐵路」、「馬克吐溫蒸氣遊河船」、「哥倫比亞帆船碼頭」、「湯姆歷險記之湯姆索耶島」、「西部牛仔射擊場」等。遊客們可乘船遊「美國河」，欣賞岸邊印地安人的生活。

若有 FASTPASS，晚間可於紐奧良廣場近距離看「Fantasmic! 水舞秀」。但若無 FASTPASS，請記得提早至美國河找位子等著表演開始。整場秀約 22 分鐘，使用煙火、真人、水舞、水上投影、火焰和音樂等重現迪士尼動畫《幻想曲》裡英雄與壞人決鬥的片段。

動物王國 (Critter Country)

熊熊王國在 1988 年被改名為「動物王國」。此區之前為印地安村落，由原著民印地安人表演傳統舞蹈與習俗。今日，這區的主要遊樂設施為乘坐獨木舟搭配〈南方之歌〉的音樂，體驗迂迴河道並從瀑布上方垂直衝下的「飛濺山」和「小熊維尼獵蜜記」。

幻想世界 (Fantasyland)

華特·迪士尼曾說：「哪個

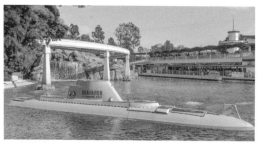
海底總動員

小小世界

夜晚的城堡超級迷人,但日落後溫差大要注意

小孩沒幻想過與彼得潘一起飛過倫敦上空?或掉入愛麗絲的夢遊仙境?在幻想世界裡,大家童年熟悉的經典故事已變成所有人都能參與的現實。」

「幻想世界」有著園內最多的遊樂設施。原本的設計採歐洲中古世紀風,但經過1983年的裝修,目前已改為巴伐利亞村落。裡面有「愛麗絲夢遊仙境」、「小飛象」、「小小世界」、「亞瑟王旋轉木馬」、「蟾蜍先生的狂野之旅」、「小飛俠彼得潘飛行歷險」、「小木偶皮諾丘的探險之旅」、「睡美人城堡」以及「白雪公主的驚魂之旅」,適合全家同遊。

「小小世界」是園內的經典設施,也是小朋友們的最愛。遊客將搭乘著小船穿梭在多姿多采的世界場景中,迪士尼卡通機器木偶還會招呼你,與你互動。此外,迪士尼的晚間煙火向來是園內的重頭戲,在晚間20:45或21:00舉行,長達16分鐘。開場前,叮噹小仙女帶頭飛越城堡,搭配迪士尼經典名曲,一瞬間照得星空璀燦。記得位子是採先到先贏,在睡美人城堡前方可看到最好的全景,最好提前半小時到場卡位。

米奇卡通城 (Mickey's Toontown)

「米奇卡通城」受到電影《威探闖通關》(Who Framed Roger Rabbit)中的卡通洛杉磯郊區啟發,城鎮採30年代的卡通美學風格,處處藏滿了機關,替遊客們帶來驚奇。它更是迪士尼經典熱門角色的家,像是米老鼠、唐老鴨、高飛狗及奇奇蒂蒂等。此區的遊樂設施包含「迷你雲霄飛車」和「兔子羅傑卡通轉轉車」。

明日世界(Tomorrowland)

華特·迪士尼在園區開幕時曾說:「明天將是個美好時代。我們的科學家現今正開啟太空時代的大門,而它帶來的成就將造福我們的孩子及之後的世世代代。明日世界的設計初衷是讓大家能夠一同參與這場冒險,成就並建築未來的藍圖。」

經過大翻修後,目前園區充滿了科技未來感,遊樂設施包含最熱門刺激的「太空山」、「大賽車場」、「迪士尼樂園單軌電車明日世界站」、受小朋友們喜愛的互動軌道車「巴斯光年星際歷險」、搭乘潛水艇至水面下與Dori一起尋找Nemo的「海底總動員潛艇之旅」和最受歡迎的「星際旅行:冒險續航」等。此外,「絕地武士訓練秀」也是這區受孩童們歡迎的光劍訓練活動。

刺激驚險有如在暗黑太空中高速飛行的「太空山」是全球第一個室內雲霄飛車,也是園內屹立不搖、最受歡迎的遊樂設施。「星際旅行:冒險續航」也是這區熱門景點,遊客們戴上3D眼鏡來體驗一場衝出星球的冒險,展開星際戰鬥之旅。

最新擴建:星際大戰世界(Star Wars Land)

自迪士尼買下喬治盧卡斯影業後,於2019夏日開放「星際大戰世界」新園區,讓遊客體驗同名電影《星際大戰》(Star Wars)中的場景,包含兩個全新的遊樂設施。

迪士尼小鎮(Downtown Disney)

集結餐飲、購物和娛樂於一身的迪士尼小鎮,讓你不用進迪士尼也能感受歡樂氣氛、遠眺煙火秀。

還原星際大戰中的場景

星際大戰系列中的人氣機器R2D2

風靡全球、星戰迷搶玩的星際大戰園區(圖片提供 / Ivy Lin)

暢遊祕技：
下載 Disneyland APP

- 下載後註冊帳號即可使用園內免費無線網路。
- 入園後可在APP上直接購買快速通關票MaxPass（包含PhotoPass 相片可領取），一人一日$10美元。
- 購買APP後立即於程式內挑選、報名熱門遊樂設施，但最熱門遊樂設施可排時段通常會在傍晚或晚上。即便如此，對於永遠充滿了人的迪士尼樂園來說，購買此票可大大節省排隊時間，但手腳若慢了就可能被馬上訂光，無法預定等於白買了票。此外，APP內的FASTPASS不能連續領，一次最多兩場，APP內會顯示下一個領取時間，須等時間到才能繼續領。
- APP內的「遊樂設施」標籤下可查詢各種表演秀時間、花車遊行及煙火秀時間、等

迪士尼車站是粉絲打卡首選地點

候領取下一個FASTPASS的時間，及各遊樂設施的等候時間等。確定好想看的表演及想玩的設施後，分別將它們加入APP內建的行程規畫來做最有效率的安排。
- 想和園內卡通角色合影？只要在APP內「角色」的單元列表即可得知哪個角色在哪裡，與公開合照的時間。

- APP內的「餐飲」類別內查詢園內可查詢各式主題餐廳的基本資訊、餐點菜單及價位等，甚至有些還可直接預約，時間到了即可前去領取，節省了排隊和找位子的時間。
- APP可以協助你了解所在地理位置，並查詢各遊樂設施的位置。

內行人小祕密

玩樂注意事項

- 美國小鎮大街比樂園早半小時開、晚一小時關門。
- 建議從最熱門的「印第安納瓊斯冒險旅程」、「太空山」開始遊玩，再接著「小小世界」、「飛濺山」、「幽靈公館」、「星際旅行：冒險續航」、「巴斯光年星際歷險」、「巨雷山」和「兔子羅傑卡通轉轉車」等。
- 遊行通常有兩場，一場是13:30，另一場則是16:30；而煙火通常在21:00。

睡美人城堡 (Sleeping Beauty Castle)

睡美人城堡原本為白雪公主城堡，是迪士尼主題樂園中歷史最悠久的城堡，依照19世紀末期德國巴伐利亞的新天鵝堡作為原型，是華特·迪士尼本人在園內最愛的城堡，也出現在迪士尼影業影片片頭，是華特·迪士尼集團的經典象徵。

迪士尼加州冒險樂園 (Disney California Adventure Park)

與迪士尼主題樂園相鄰的「迪士尼加州冒險樂園」2001年開幕，建議可購買2天以上的兩園票，才可以兩個樂園能一次盡興玩個夠。不同於原本的迪士尼樂園，這裡以「加州」為主題並為成人而設計，遊樂設施因此也比較刺激。「皮克斯碼頭」的「彩色世界水舞秀」是這裡的重頭戲，每晚都有一場，長約22分鐘，以音樂、火焰、迪士尼經典片段水幕投影襯著水舞，美麗又壯觀。

ICONIC LOS ANGELES

美味洛杉磯
LA DINING

早午餐、咖啡廳
及蔬食餐廳

不論是著名經典地標、時尚的街頭塗鴉牆或各式網美餐廳和咖啡廳，都讓洛杉磯打敗眾多全球知名城市，成為眾人最愛的Instagram拍照、打卡城市之一。

Bottega Louie → 早午餐
洛城網美必拍馬卡龍

早在法國馬卡龍Laduree入駐LA之前，洛城最有名、最常入鏡的馬卡龍非Bottega Louie莫屬了。拜時尚部落客所賜，這裡成了在地人買馬卡龍的首選。

一進門，訪客即可見到多彩繽紛的甜點和馬卡龍，餐廳內明亮挑高卻低調奢華的空間、半開放式正統義大利披薩烤窯過程的設計、各色甜點和鮭魚班尼迪克蛋，讓食客們在享用美味早午餐之餘，還能拍個過癮，也難怪受到網美們熱愛。

Bottega Louie
- **#地址** 700 S. Grand Ave, Los Angeles, CA 90017
- **#電話** 213-802-470
- **#開放時間** 週一～四07:00～22:00，週六08:00～23:00，週日08:00～22:00，週五公休
- **#停留時間** 2小時
- **#網址** www.bottegalouie.com

EGGSLUT
- **#地址** 317 S. Broadway, Los Angeles, CA 90013（洛杉磯共有4家店，其他三家分別在威尼斯、比佛利購物中心和Americana at Brand 購物中心。此外，賭城的Cosmopolitan也有一家）
- **#開放時間** 08:00～16:00
- **#停留時間** 1小時
- **#網址** eggslut.com

開放的馬卡龍展示架，不買也要拍照打卡

披薩現場做給你看，烤給你吃

EGGSLUT → 在地特色創意料理
洛城必吃蛋料理漢堡

身為洛杉磯中央市場最熱門的店，EGGSLUT創始於2001年，以餐車起家，專門提供以「蛋」為主食材的創意料理，把美國最大眾、讓人充滿飽足安慰感的漢堡料理變得美味且創意十足。

他們堅持只用手工麵包和非籠養雞蛋，深受老饕、美食評論家及一般民眾的喜愛。熱門料理包含Fairfax漢堡、Slut半熟蛋馬鈴薯泥和新鮮柳橙汁。

經典的Fairfax金黃剔透，怎麼樣都要入口！

各式蛋料理一應俱全，搭配Cold Brew咖啡，格外順口

Slut就要這樣吃

Openaire
#地址　3515 Wilshire Blvd, Los Angeles, CA 90010
#電話　213-802-1470
#開放時間　週一～四、日07:00～14:30、17:30～22:00，週五、六07:00～14:30、17:30～23:00
#停留時間　2小時
#網址　https://ppt.cc/fx

Sqirl
#地址　720 N. Virgil Ave #4, Los Angeles, CA 90029
#電話　310-399-1233
#開放時間　平日06:30～16:00，週末08:00～16:00
#停留時間　2小時
#網址　www.sqirlla.com

Openaire　早午餐
最美溫室餐廳

洛杉磯米其林二星主廚喬塞·席特林(Josiah Citrin)開創的Openaire餐廳，位於韓國城時尚又現代的旅館The LINE中。

位於游泳池畔，它彷彿是城市叢林中的一片綠洲，承襲了前餐廳Commissary的綠色

透光溫室裝潢，但將原來的木椅換上高級座椅，菜單裡的食材也隨著季節做變化。不變的是，這裡的綠色美好讓人忘了身在城市，享用美食的同時，還能徹底感受加州陽光，和獨特又好喝的雞尾酒。

以溫室為設計概念，開始愜意的一天

歐姆蕾配上我最愛的冷壓果汁

Sqirl　健康蔬食
健康手工果醬、有機早午餐

健康又好吃的Ricotta Brioche Toast

健康手工果醬吃起來零負擔

Sqirl是位於洛杉磯銀湖(Silver Lake)的健康蔬食餐廳，餐廳採用黑白配色、小而美且五臟俱全，絕對是極簡主義者的最愛。不過這裡位置有限，總是大排長龍。建議於08:30和15:00之後來，人潮較少。

人氣菜肴

Rcotta Brioche Toast：採用厚片烤吐司，搭配自製的瑞可塔起司，以及厚厚一層濃稠季節果醬製成。

Sorrel Pesto Rice Bowl：

以加州有機糙米和醃檸檬為基底，搭配酢漿草做成的青醬、切片西瓜蘿蔔、菲達起司及水波蛋。

非常親民的路邊用餐區

Cafe Gratitude →健康蔬食
洛城時尚養生飲食餐廳

Cafe Gratitude菜色擺盤美麗、可口，還很健康。每道主廚料理都採用100%有機食材，還有別出心裁的特別名字。

其中最受歡迎的一道菜，就是天貝波隆那醬義大利麵「Blessed」，搭配腰果做成的莫札瑞拉起司、巴西核桃做成的帕瑪森乳酪、綠色花椰菜和菠菜，即便有乳糖不適症的人也不用擔心過敏，可以盡情享受起司的美味。

健康美味、充滿加州風的酪梨沙拉麵

美輪美奐，魔鬼就在細節設計處

人氣菜肴

- Eclectic：以美式炸雞翅的作法來料理白花椰菜，沾滿水牛城辣醬搭配芹菜條和微辣的腰果大蒜蛋黃醬，好吃、夠味又高纖健康。
- Dazzling：羽衣甘藍凱撒沙拉，採用最新鮮食材，包含在加州被當作健康聖品的「超級食物」(superfood)羽衣甘藍，再加上蘿蔓生菜、海苔芽、有機芝麻籽、酪梨、巴西核桃帕瑪森起司、麵包塊和無油腰果凱撒沙拉醬。
- Terrific：泰式海帶粿條。配上泰式杏仁醬、紅蘿蔔、紅椒、羽衣甘藍、照燒杏仁和豆芽，也可另外再增加酪梨。

健康自然，還不順手帶走排毒解毒產品？

#地址　300 S. Santa Fe Ave, Los Angeles, CA 90013（在洛杉磯共有三個點，其他兩家分別在Venice和Larchmont。）
#電話　213-929-5580
#開放時間　08:00～22:00
#停留時間　2小時
#網址　www.cafegratitude.com

―――――― 內行人小祕密 ――――――

市中心藝術區分店
Cafe Gratitude在LA有許多店面，位於市中心藝術區的店面是所有店裡面裝潢最美的，有白色檯面、木製酒吧椅、盆栽點綴的金屬櫥櫃！推薦各位來此享受美味的料理。

Stumptown Coffee Roasters → 咖啡廳
風靡洛城的手沖咖啡

來自波特蘭的Stumptown這幾年在咖啡界獲得傳奇性地位，算是「第三波咖啡浪潮」的代表。創辦人杜安·索倫森（Duane Sorenson）不但帶著員工親自造訪咖啡園，更用高於公平貿易市價3～4倍的價錢來購買咖啡豆。之後於2015年被Peet's Coffee收購，拓展到波特蘭之外的咖啡大城，例如西雅圖、紐約、洛杉磯、芝加哥和紐奧良。

Stumptown在洛杉磯市中心專門店及有機超市Whole Foods限定獨賣的DTLA blend，不但健康有機更是香氣四溢。他們家的咖啡也在LA其他品牌的咖啡店中販售，甚至還有專屬合作特調。例如替Alfred Coffee Kitchen出的特調口味。Stumptown的冷萃咖啡cold brew也很不錯，可在Whole買到。

#地址　806 S. Santa Fe Ave, Los Angeles, CA 90021
#電話　213-929-5580
#開放時間　06:30～19:00
#停留時間　1小時
#網址
www.stumptowncoffee.com

店面位在不好找的工業區巷子裡，要花點時間停車　　店裡偌大的烘培機器

店裡活動空間不算大但是很舒服，櫃檯後面是烘培室

────── 內行人小祕密 ──────

什麼是咖啡浪潮？
第一波咖啡浪潮指的是即溶咖啡的大眾化，第二波是連鎖咖啡店的盛行及擴展，第三波則是咖啡的精品化（Artisan Coffee）。過去人們將咖啡當作一樣商品，但在這波浪潮中，人們將烘培、沖煮、品咖啡變成如同釀酒、品酒一般，重視咖啡豆的種植栽培、採收及烘培過程，強化咖啡豆種植者、商家和烘培師之間的關係。

現場就有Barista手沖咖啡

藍瓶就藏身在Bradbury Building轉角

藍瓶咖啡 Blue Bottle Coffee →咖啡廳
咖啡界中的Apple

　　藍瓶咖啡以精品現場手沖咖啡出名，與Stumptown、Intelligentsia同為第三波咖啡浪潮的代表。2000年時，音樂人兼咖啡狂的創辦人詹姆斯・費曼(James Freeman)，因為對咖啡業都是被大型連鎖店霸占感到不滿，決心開創一家給咖啡愛好者品嘗新鮮現沖原味的咖啡烘培店。

　　藍瓶咖啡嚴選最好的咖啡豆，堅持以6磅的咖啡烘培機

來烘培，並只販售在48小時內烘培的咖啡豆。在品牌和店面設計上，創辦人使用顯目又易於辨識的藍瓶子作為品牌Logo，並搭配極簡、工業風美學的咖啡廳裝潢，可見其對精品手沖咖啡的熱情和細節的重視，也因此獲得高科技重鎮矽谷灣區的創投界及科技大老們的青睞，獲得大筆資金，開始計劃性地展店。藍瓶咖啡在2019年也入駐台灣微風南山。

　　來到藍瓶咖啡，一定要點招牌紐奧良冰咖啡(iced New Orleans with almond milk)。把飲料的牛奶基底換成更健康的杏仁奶，有乳糖不適症的人飲用既不會過敏、沒有負擔，也更能帶出咖啡的香味。

不要錯過收藏藍瓶的機會

#地址　582 Mateo St, Los Angeles, CA 90013（洛杉磯共有12家分店，但這家是LA第一家）
#電話　510-653-3394
#開放時間　平日06:30～18:00，週末07:00～18:00
#停留時間　1小時
#網址　bluebottlecoffee.com

─────── 內行人小祕密 ───────

藍瓶咖啡的起源
藍瓶咖啡之名源於維也納的「藍瓶咖啡屋」(The Blue Bottel Coffee House)，是中歐最早的咖啡店之一。

Intelligentsia Coffee ←咖啡廳
掀起第三波咖啡浪潮的文青咖啡

在這深愛咖啡的城市，咖啡品牌的競爭也益趨熱烈！第三波精品咖啡浪潮中，第一個在LA插旗的Intelligentsia，是來自芝加哥的文青咖啡品牌，早在LA累積出一群死忠粉絲。

Intelligentsia的創辦人1995年從舊金山搬到芝加哥，開設第一間店。他們每天使用古董烘培機，將烘培、手沖咖啡當作藝術般用心經營，原本只是想藉著「品咖啡」拉近與當地人和社區的距離，沒想到就此改變了咖啡界。首創的直接交

易創新概念和交易模式被引入咖啡界，成為精品咖啡的先驅，並在全美6個城市（芝加哥、洛杉磯、紐約、亞特蘭大、舊金山和波士頓）設點，融入當地精神，創造出既在地化又保有Intelligentsia特色的獨特品牌。

Intelligentsia進駐LA後，號稱全洛杉磯最好喝咖啡，必點expresso black cat project和cappucino。而其洛杉磯威尼斯店面挑高、開放空間和復古的裝潢再加上滿滿的文青風，更讓它成為當地文青最愛。

精品咖啡專門店，有各式咖啡豆可選擇

整家店已經成為一個社交場合，一種生活態度

#地址 1331 Abbot Kinney Blvd, Venice, CA 90291（洛杉磯共有2家分店，另一家位於Silver Lake）
#電話 310-399-1233
#開放時間 平日06:00～20:00，週六07:00～22:00，週日07:00～20:00
#停留時間 1小時
#網址 www.intelligentsiacoffee.com/venice-coffeebar

空間設計強調互動與開放

─── 內行人小祕密 ───

什麼是直接交易（direct trade）？
直接交易意指咖啡店直接向咖啡小農購買咖啡豆，跳過中間商的交易模式。

Sprinkles 甜點店

洛城最有名的網美杯子蛋糕

Sprinkles 創作出許多以杯子蛋糕為概念的獨家口味冰淇淋，必點一客「紅絲絨」。此外，Sprinkles 更開發了杯子蛋糕販賣機，只要在螢幕上依指示選購自己想要的杯子蛋糕就好。

Sprinkles 將原屬於美國南方奧克拉荷馬州風味的紅絲絨杯子蛋糕帶入加州，並加入更多的可可於蛋糕中，將原本的紅絲絨調製成令人看了也心醉的質感紅。其甜而不膩的順滑感、獨特口味加上適合拍照的美麗外觀，一推出即在洛杉磯掀起一陣紅絲絨杯子蛋糕炫風，而至今這個經典口味也延伸至品牌的其他產品，例如冰淇淋等。

Sprinkles

#地址　9635 S. Santa Monica Blvd, Beverly Hills, CA 90210（洛杉磯共有 7 家，USC 的書店裡也有蛋糕販賣機）
#電話　310-274-8765
#開放時間　週一～六 09:00～21:00，週日 10:00～20:00
#停留時間　1 小時
#網址　sprinkles.com

Urth Caffe

#地址　8565 Melrose Ave, West Hollywood, CA 90069（大洛杉磯共有 8 家，但這家是初創地，也是最常入鏡的一家）
#電話　310-659-0628
#開放時間　週日～四 06:00～23:00；週五～六 06:00～24:00
#停留時間　2 小時
#網址　www.urthcaffe.com

繽紛的色彩讓你彷彿置身身卡通世界

經典杯子蛋糕

Urth Caffe 早午餐

全美第一家有機咖啡

Urth Caffe 普遍被認為是全美第一個全面提供有機咖啡的咖啡店。創辦人 Berkman 夫妻當年遇到來自祕魯、種植生產有機家傳咖啡的咖啡農 Jorge，因此踏上了開創健康有機咖啡店的道路，成為美國「有機食物革命」的先驅。

除了有機咖啡外，這裡的抹茶類飲品、點心也都極知名，如抹茶拿鐵和抹茶提拉米蘇。此外，Urth 也有我最喜歡的墨西哥平民生活小吃塔瑪粽（tamales）。

酪梨糙米壽司，口又美味

露天街邊座位是招牌賣點

tamales 也是這裡的招牌菜之一

#地址　624 S. La Brea Ave, Los Angeles, CA 90036
#電話　310-362-6115
#開放時間　週一～六08:00～15:00、17:30～23:00，週日08:00～15:00、17:30～22:00
#停留時間　2小時
#網址　republiquela.com

Republique ←早午餐

洛杉磯網紅最愛

Republique 2014年被評選為「洛杉磯最佳新餐廳」，以特有的創意法式有機加州料理和糕點出名，所有食材皆由主廚夫妻親自於洛杉磯農夫市場購買。

Republique 的裝潢更是一絕，這裡由喜劇大師卓別林於1929年建造，兼具哥德式和西班牙風。店面設計上也別具匠心，以客製木頭為基底，長木桌椅，搭上手工鍛造的金屬品、古銅燈具，教堂式挑高玻璃自然透進加州陽光，再加上石牆和從菲律賓進口的5,000多塊異國風地磚，營造出歐洲復古的氛圍。

來到這一定要嘗嘗全天候提供的早午餐和糕點，再搭杯 Verve 的咖啡，享受完美的早晨。除了基本的沙拉和三明治，這裡的創意漢堡及麵包糕點是LA名列前茅的知名料理。

想要嘗鮮的人，建議試試搭配水波蛋和肋排的泡菜炒飯（kimchi fried rice），或以法式烤土司為基底，搭配聖塔芭芭拉新鮮運送的海膽鋪在綿密軟炒蛋上的 egg on toast。也別忘了要點糕點麵包！老闆娘到現在還是常親自在櫃檯幫大家點菜結帳喔。

好邪惡的糕點們啊！

說你在歐洲大家都會相信

門口就美到忘記走進去

你也可以選擇坐在這最經典的吧台，視野好又可以跟酒保聊天

Gracias Madre →〈健康蔬食〉
墨西哥蔬食創意料理

Gracias Madre 可說是洛杉磯最時尚、最有創意的墨西哥餐廳。寬敞的挑高室內空間加上綠意盎然的室外庭院，兼具墨西哥時尚和棕櫚泉的悠閒，在白天顯得休閒輕鬆，到了晚上則變身成氣氛熱情浪漫、活力十足的酒吧餐廳。

主廚吉爾伯特 (Chandra Gilbert) 替加州人熱愛的經典墨西哥料理增添了許多創意口味，例如「Sope Con Mango」，是由馬鈴薯糕搭上辣芒果莎莎醬、黑豆、腰果奶油、醃紅蘿蔔和鱷梨醬厚墨西哥薄餅的主菜，而這裡的鱷梨醬絕對是必點！

此外，店內的的創意雞尾酒由知名調酒師傑森‧艾斯納 (Jason Eisner) 特別調製，採用自家製作的糖漿搭配季節性果汁來調味。撒上 Sour T-iesel 的大麻雞尾酒則是最多人點、最多人拍照的 IG 飲品！身為全洛杉磯第一個在雞尾酒中加入大麻二酚的餐廳，他們在視覺上利用抹茶在白霜上拉出大麻葉，以強調其成分。

Gracias Madre 內部貼滿墨西哥瓦哈卡風 (Oaxaca) 磁磚，搭配其色彩繽紛的菜肴，給老饕們帶來一場視覺與味覺的饗宴。

微風吹拂的晚上，戶外庭院座位格外有氣氛

#地址　8905 Melrose Ave, West Hollywood, CA 90069
#電話　310-362-6115
#開放時間　平日 11:00～23:00，週末 10:00～23:00
#停留時間　2小時
#網址　graciasmadreweho.com

前菜是配酒的好夥伴，滿桌的美食，幾乎沒有地雷

Alfred Coffee，Alfred Tea Room

網美咖啡廳及茶室始祖 →咖啡廳、茶室

必拍的打卡布景

Alfred Coffee

以時尚標語「But First, Coffee」聲名大噪的 Alfred Coffee 首家店位於綠意盎然樹蔭小巷、擁有眾多高級設計師品牌名店聚集的 Melrose Place。

2013 年由地產開發商 Joshua Zad 設立，Zad 在當初居住的 Alfred 街附近找到了一棟 1925 年建造、後來改建為社交舞廳的民宅，並將它進行一番大整修成為現在洛杉磯高人氣 IG 打卡拍照、女星名媛及時尚部落客常出沒的咖啡店。來客機乎皆為創意產業人士，用餐時不時可聽到鄰桌人們高聲談論劇本、電影或明星。

這裡不只店面裝潢時尚，還結合了現代時尚黑白與復古木工，就連烘培咖啡的 barista 也穿著 Rag & Bone 的服裝當制服，是不是很潮呢？

除了拍照外，當然一定要點他們家的咖啡！這裡採用 Stumptown 咖啡豆烘培，加上許多無麩質的美味糕點，讓你能輕鬆悠閒地享用一天中最振奮人心的早餐。用餐完畢還可至附近的設計師商店逛逛，或鄰近的 Alfred Tea Room 再叫杯同樣吸睛的茶飲。

店裡裝潢處處有巧思

最愛這裡的戶外區，綠意盎然

粉紅店門也是必打卡景點

#地址　Alfred Coffee Melrose Place— 8428 Melrose Pl, Los Angeles, CA 90069；Alfred Tea Room— 705 N. Alfred St, West Hollywood, CA 90069
#電話　323-944-0811，323-592-3465
#開放時間　07:00～20:00，08:00～19:00
#停留時間　1小時
#網址　alfred.la

必點的草莓Pink Drink和抹茶珍奶

Alfred Tea Room

　　繼冷壓果汁後，茶是現在LA最流行的飲料之一。Alfred Tea Room粉嫩浪漫卻不走可愛風的形象及裝潢，完全顛覆了大家對於傳統茶室的印象，絕對是個所有女生走進去都會驚豔、愛上的空間！

　　Alfred Coffee有標語「But First, Coffee」，而 Alfred Tea Room則有著「Tea Yes, You Maybe」的標語，就寫在吧台上方，非常適合女生們拍照。

　　茶飲選項除了有傳統東方的烏龍茶、抹茶，還有西方的茉莉花茶，甚至還可加波霸珍珠。茶品搭配的奶類更有多種選擇，包含全脂、脫脂、杏仁、豆漿、椰奶和現在最夯的燕麥奶等，很適合注重健康，或有乳糖不適症的人。

　　Alfred Tea Room後門小巷中也有座位可以坐著一邊品味茶飲、一邊享受舒服的加州陽光喔！

── 內行人小祕密 ──

不要自駕，改搭汽車共乘
這裡只能路邊停車，很難找到停車位，而且週日時有農夫市集，更是一位難求。所以若你住得不遠，建議可以搭乘Uber或Lyft，省去找停車位的困擾。

The Butcher's Daughter → 健康蔬食

最美網美有機蔬食餐廳

酪梨吐司新鮮美味

說這裡是花店你應該也會相信

#地址　1205 Abbot Kinney Blvd,
Venice, CA 90291
#電話　310-981-3004
#開放時間　08:00～22:00
#停留時間　2小時
#網址
www.thebutchersdaughter.com

The Butcher's Daughter位在威尼斯海灘文青區的艾伯特金尼大道上，其充滿設計感的店面出自創辦人Heather Tierney之手。Tierney的本業其實是室內設計師，擅長設計餐廳與酒吧。她私底下一直都對健康飲食與果汁充滿熱情，更喜愛逛當地的農夫蔬果市集，因此決定在紐約自家住所不遠處創立The Butcher's Daughter，店名則來自她對空間的想像──美化、清新的新世代肉鋪店。

Tierney喜愛採用對比衝突感設計，在餐廳中加入工業設計元素的水泥地、金屬釦環、重鐵吊鉤，再融合柔性、大地系材料例如海灘原木、白磚和綠色植物等，創造出「蔬菜屠宰場」的氛圍。聽起來雖可怕，但這裡無論食物或室內裝潢，都美到、好吃到令人難忘。

與店名中的butcher（屠夫）恰巧相反，這溫馨、舒適又美麗的網美蔬食餐廳只供應全素料理、果汁和咖啡，其中又以酪梨吐司與巴西莓果碗最出名。自創立之初，Tierney即將酪梨吐司列為菜單上的經典菜色，這道經典菜肴是在9種雜糧做成的吐司上，鋪著以芫荽（香菜的一種，英文為cilantro）、萊姆、芥菜籽為佐料調味的酪梨，再加上一顆荷包蛋，清爽又獨特的口味，是人氣必點料理。

清新自然的裝潢與店名有相當大的反差

1 | 2
3 | 4 | 5

1 Malibu Farm Restaurant 在碼頭入口就有可愛的標示　**3** 強調有機與在地食材
2、4、5 不坐在戶外區吹風曬太陽簡直就白來了

Malibu Farm Restaurant → 景觀餐廳

▶ 無敵海景有機蔬食餐廳

洛杉磯人注重健康，因此由農場直送食材的餐廳在LA非常受歡迎。Malibu Farm 位在馬里布海灘碼頭，可以舒適、愜意地看看周圍無敵海景、享受海風；它的料理種類也多，包含美式、墨西哥、中東、北非和西班牙等異國複合式餐點，也有肉食。

其中「vegetable paella」這道色香味俱全的有機蔬果北非小米盤，以豆腐、番紅花及各式蔬果取代海鮮，將燉飯換為北非小米，也可選擇外加雞肉、鮭魚、牛排或是蝦，非常推薦！此外，花椰菜餅皮披薩(cauliflower crust pizza)也是另一道超人氣必點。享用美食的同時再來杯雞尾酒，一邊欣賞著海岸美景，包準頓時將煩惱拋到九霄雲外。

地址　23000 Pacific Coast Hwy, Malibu, CA 90265
電話　310 081 3001
開放時間　平日11:30～21:00，週六09:00～22:00，週日09:00～21:00
停留時間　2小時
網址　www.malibu-farm.com/malibu-pier

碼頭上還有好多可愛的飾品小販

Eataly → 美食中心

義大利饕客的迪士尼樂園

Eataly取自「義大利」(Italy)的諧音,為Eat和Italy的複合字。Oscar Farinetti於2007年,將義大利杜林(Torino)當地的工廠改建,創立第一家Eataly,結合了歐式開放市集和美式Whole Foods超市概念,將其打造為高級美食中心。

洛杉磯的Eataly位於重新整修、升級後的時尚「世紀城購物中心」內,是全美最大的Eataly,更是市集、餐廳、美食中心、甜點店、烹調學院和美酒的綜合集中地。不僅與

各式起司任君挑選

現烤美味的披薩攤

LA在地知名美食主廚合作,更採用許多來自加州的食材。占地三層樓的美食中心,有任何你想像得到的食材和美酒品牌,更甭提餐廳、咖啡廳和便利餐點小吃攤了。以下特別列舉最受好評的幾家餐點。另外

還有許多小型便利的乳酪起司攤、肉鋪攤、披薩攤、義大利麵攤、甜點攤和在地農產品攤等著你來發掘!

麵包烘培坊La Panetteria:烘培師Fulvio Marino採用洛杉磯在地和義大利頂級麵粉,每天手工窯烤10種不同種類的新鮮麵包。

沙拉吧L'Orto dello Chef:由洛杉磯知名主廚輪番負責,譬如開幕時由洛杉磯威尼斯海灘知名Rose Cafe的主廚Jason Neroni打頭陣,之後還包含市中心著名高級餐廳Redbird的Near Fraser和網美美食餐廳Republique的Walter Manzke接手。

義大利海鮮美食Il Pesce Cucina & Il Fritto:與義大利主廚Michael Cimarusti所開的洛杉磯知名海鮮餐廳Providence合作,採用加州最新鮮的海鮮,包含海膽、干貝、鱸魚、花枝和蝦等,鮮嫩肥美、口感扎實!

這裡的義大利麵都喊不出名字,但都令人驚豔地好吃

為上班族設計的30分鐘用餐教戰守則

位於Eataly頂樓的Terra餐廳,以可欣賞LA市景的露天陽台座位和美食聞名

來這怎能不點個義大利麵來吃呢!

炸花枝圈也是經典必備

✓ 義大利扁麵包La Piazza:整體裝潢仿照義大利的廣場市集。這裡的窯烤爐可是從拿波里專門運送過來的呢!La Piazza還有義大利當地美食小吃、新鮮自製莫拉瑞茲乳酪、冷盤、各種起司和LA店面才有的街頭小吃Panigacci。

✓ 正宗現擀義大利麵La Pasta Fresca:所有的義大利麵都在你面前手工現揉、擀、切成各種形狀,而每種義大利麵都代表了義大利區域的經典特色麵條,可搭配以季節性食材製成的傳統醬料。有嚼勁卻不硬的義大利麵絕對會是你在LA吃到最好吃的義大利麵,而當季時,還可加點黑、白松露喔!

✓ 義大利冰淇淋Il Gelato:所有的冰淇淋和雪酪都是每天限量製作,使用加州Straus Creamery最高等級的全脂牛奶、Sicilia的開心果、Piemonte的榛果和Lavazza的咖啡,共有超過30種口味,還有玫瑰酒口味!就連冰淇淋甜筒也是手工製作。

#地址 10250 Santa Monica Blvd, Los Angeles, CA 90067
#電話 310-981-3004
#開放時間 週一~四 10:00~22:00,週五10:00~23:00,週六09:00~23:00,週日09:00~22:00
#停留時間 2~3小時
#網址 https://ppt.cc/fx

美拍洛杉磯

LA MURALS

打卡必拍網美塗鴉牆

Instagram統計，洛杉磯為全球最熱門打卡、拍照城市的第六名。身為世界知名的街頭塗鴉城市，不論是市中心的藝術區、威尼斯文青區、時尚的西好萊塢，或任一高速公路旁、巷弄間，美麗塗鴉都讓人充分感受到LA的活力與生命力。塗鴉不僅僅是塗鴉，更是城市時尚與藝術的結合。

市中心藝術區
DTLA ARTS DISTRICT

LA新興藝術區 經過都市更新重建，洛杉磯市中心變成受歡迎的藝術區，更是LA文青最愛的聚集點，不時可見新的塗鴉創作，讓人每次造訪都有新發現。啤酒廠Angel City Brewery是這裡的重要地標，任一角落皆有讓人驚豔的塗鴉。由於停車一位難求，步行才能好好欣賞這區的塗鴉藝術！

The Heart of Los Angeles

#地址 散布在市中心及韓國城（地址請掃QR Code）
#停留時間 15分鐘
#特色 The Heart of Los Angeles系列塗鴉為LA最著名的街頭塗鴉之一，由化名為antigirl的藝術家Tiphanie Brooke及夥伴Mike Polson所創作，藉此展現他們對洛杉磯的愛，目前在LA四處可見。

Bloom

#地址 298 Rose St, Los Angeles, CA 90012
#停留時間 15分鐘
#特色 藝術家Hueman的創作橫跨多個領域，她曾與品牌Nike、NYX等合作，也曾於現代藝廊中展覽。這個由Hueman所繪的大型塗鴉如同繽紛綻放的花卉，占據了兩層樓，令人驚豔。

Art Share L.A.

#地址 801 E. 4th Pl (at S. Hewitt St), DTLA Arts District, Los Angeles, CA 90013
#停留時間 15分鐘
#特色 這是市中心最醒目的建築之一，外牆塗鴉出自藝術家Mikael B.之手，彩色幾何圖形的設計讓人想到80年代的城市藝術氛圍，反映出LA是一個不斷演進、自我形塑的城市。

Row DTLA

#地址 777 Alameda St, Los Angeles, CA 90021
#停留時間 15分鐘
#特色 Row DTLA是洛杉磯市中心近來最潮的生活娛樂中心，有許多時尚、文藝小店和美食攤販，這裡還有兩個網美牆，分別是由女藝術家Leta Sobierajski所繪的《You Are Going To Be Fine》和《Rainbow burst and checkers mural》。

西好萊塢、西區

WEST HOLLYWOOD, WESTSIDE

LA設計師時尚區 「WeHo is the New Robertson」，要說西好萊塢是全洛杉磯最時尚的地區絕不為過！不論是具特色的獨立小店、設計師精品店、網美餐廳和網美牆都集中於此，更是名人、網紅和網美最常出現的地方。（所以在這遇到明星也只是日常！）

Pink Wall

#地址 8221 Melrose Ave, Los Angeles, CA 90046
#停留時間 30分鐘
#特色 位於時尚街梅爾羅斯街的Paul Smith專門店，有著漆成粉紅色的側牆，說它是LA最知名的網美牆絕不為過。

Bleeding Hearts

#地址 散布在LA各處（地址請掃QR Code）
#停留時間 每個15分鐘
#特色 塗鴉藝術家 J. Goldcrown 以 Bleeding Hearts/Love Wall揚名國際，牆上有著滿滿、色彩繽紛的彩色愛心，讓人看了心情就不由自主好了起來！

Retna Mural (Silver)

#地址 140 S Orlando Ave, Los Angeles, CA 90048
#停留時間 15分鐘
#特色 藏身於小巷、由LA當地神祕文字塗鴉藝術家Retna設計的這幅銀色畫作，位在「天使之翼」（Angel Wings）對面的巷子、Gallery Brown藝廊的背牆。

California Dreaming

#地址 3423 S. La Cienega Blvd, Los Angeles, CA 90016
#停留時間 15分鐘
#特色 粉藍的配色，讓人想到加州的藍天，和現在年輕人最愛、最舒適的粉色結合，我其實覺得這道牆比Paul Smith的Pink Wall更有特色！

Angel Wings

#地址 在LA有眾多地點，每個翅膀都有些許不同（地址請掃QR Code）
#停留時間 每個15分鐘
#特色 由洛杉磯當地知名藝術家Colette Miller所帶動的「全球天使之翼計畫」(The Global Angel Wings Project)始於2002年，意在提醒人們應期許自己成為「人間的天使」，多散播愛、和平、仁慈、希望並且關心世人。目前可於世界各角落見到它的蹤跡，2017年Miller也受邀至台灣畫了天使之翼。

Love Wall

#地址 8549 Higuera St, Culver City, CA 90232
#停留時間 每個15分鐘
#特色 紐約街頭藝術家Curtis Kulig的「Love Me」藏身於LA各巷弄中，但最有名的還是位於Smashbox Studio的一大片紅色背牆漆著白色Love字樣的Love Wall。熱情大膽的配色，讓人感覺似乎連空氣中都充滿了愛！

Made in LA

#地址 8025 Melrose Ave, Los Angeles, CA 90046
#停留時間 15分鐘
#特色 Made in LA牆也是LA代表之一。由於這個牆較素且底色是淺灰，建議穿比較素色的白、灰、黑或藍色衣服來做搭配。近來由於移民問題，牆也被不知名人士改為「Immigrants Made LA」。

The Mondrian Wall

#地址 1660 S. La Cienega Blvd, Los Angeles, CA 90035
#停留時間 15分鐘
#特色 The Mondrian Wall是美術工具用品店Artist & Craftsman Supply的外牆，設計靈感來自知名荷蘭藝術家Piet Mondrian的作品，這裡既然是藝術家們的天堂，當然也是同樣充滿大膽又具藝術性的創作。

攝影祕技

與塗鴉牆合影技巧

在與塗鴉牆合影前，除了注意陽光陰影，也可思考如何與牆的主題融為一體。你可以配合牆面選擇穿搭，大膽嘗試不同的姿勢或色彩，或走酷酷街拍路線。Just have fun!

威尼斯區

VENICE

Aviator Nation

#地址　1118 Abbot Kinney Blvd, Venice, CA 90291

#停留時間　30分鐘

#特色　Aviator Nation是一家休閒生活風格店，色彩大膽的彩虹條紋為品牌經典設計。店家不僅將此設計用在自家品牌服飾上，也運用在其位於Venice的店面設計上。

Roosterfish

#地址　1302 Abbot Kinney Blvd, Venice, CA 90291

#停留時間　15分鐘

#特色　Roosterfish原本就是洛杉磯傳奇性的男同志酒吧，搭配上知名插畫家Alexis Diaz手繪的公雞塗鴉，以細緻筆觸來表現奇幻動物的設計，更讓它聲名大噪。

So Far So Good

#地址　1224 Abbot Kinney Blvd, Venice, CA 90291

#停留時間　15分鐘

#特色　由紐約時尚個性品牌Rag & Bone僱用邁阿密藝術家Alex Yanes進行創作，結合卡通人物，畫出這道「So Far So Good」充滿現代普普風的塗鴉牆，色彩鮮明，時尚又趣味十足。

Palm Trees

#地址　1130 Abbot Kinney Blvd, Venice, CA 90291

#停留時間　15分鐘

#特色　這裡充滿了加州風情的棕櫚樹壁畫與其他的塗鴉牆很不相同，色彩走淡灰低調路線，在這一片多彩的街頭塗鴉牆中，反而顯得獨樹一幟。

Sea Walls by Tristan Eaton

#地址 1429 Abbot Kinney Blvd (at Milwood Ave), Venice, CA 90291
#停留時間 每個15分鐘
#特色 Tristan Eaton 所繪的《海洋鯊魚圖》是個跨國合作、以海洋為靈感的「Sea Wall：Artists for Oceans」系列塗鴉計畫。意在提醒人們現今最急迫的海洋環境議題，這裡每隔一陣子都會更新主題，最新創作是以色列藝術家 Pipeled 的作品，可看見他黑底白粗線條的大膽創意！

Bleeding Hearts—Love Wall

#地址 1239 Abbot Kinney Blvd, Venice, CA 90291
#停留時間 每個15分鐘
#特色 位在 Greenleaf Chopshop 右側牆，是來自塗鴉藝術家 J. Goldcrown 的《Bleeding Hearts/Love Wall》的大作，白牆襯著滿滿的彩色愛心，讓人感受到威尼斯海灘的熱情。

Greg Mike's Mural

#地址 1239 Abbot Kinney Blvd, Venice, CA 90291
#停留時間 每個15分鐘
#特色 紐約塗鴉藝術家 Greg Mike 擅長將帶有衝突性的不同繪畫風格融合在一幅畫中。這幅塗鴉結合了簡潔俐落的線條、人物和一隻兇猛的熊，可說是這區中最棒的塗鴉牆之一。

Love Berto Mural

#地址 The Otheroom, 1201 Abbot Kinney Blvd, Venice, CA 90291
#停留時間 15分鐘
#特色 邁阿密出生的藝術家 Love Berto 四處旅遊，以洛杉磯和紐約為家，擅於創作令人驚豔的萬花筒圖形。位於威尼斯海灘的這道牆，以色彩繽紛的亮橘黃和藍色來表現加州陽光、藍天和海洋。

ICONIC LOS ANGELES

陽光洛杉磯
LA BEACHES

7大網美海灘

陽光、沙灘、比基尼,想必是大多數人對洛杉磯的第一印象,而加州人也總是以「West coast is the best coast」而自豪,沿著太平洋的各個海灘各有特色,美麗的海灘風情讓你將所有煩惱拋到九霄雲外。本章介紹LA幾個最具有代表性的海灘。

里歐卡里洛海灘 Leo Carrillo State Beach
知名電影的取景地

位在馬里布海岸，以演員里歐‧卡里洛(Leo Carrillo)命名，適合野餐兼休閒小度假，有著岩石拱門和洞穴，還可賞潮汐與爬小徑，更是網紅拍照和好萊塢拍攝電影的熱門景點。著名電影如《火爆浪子》(Grease)、1984年的《小子難纏》(The Karate Kid)和《全面啟動》(Inception)等都在這裡取景。

海灘雖然不大，但是岩洞很適合探險

來張IG網美打卡照吧

紐波特 / 新港海灘 Newport Beach
美味的香蕉甜點

橘郡的紐波特 / 新港海灘有廣大的海岸線，是全加州甚至是全美最富裕的城市之一。美劇《玩酷世代》(The O.C.)也選擇此地拍攝，成為目前最受歡迎的海濱城市之一。

鄰近景點

巴博亞島(Balboa Island)：屬於新港海灘，可搭乘渡輪進入小島。上島後，可依循島上小徑逛逛溫馨手工藝品店，享受小鎮風情。別忘了去Sugar'n'Spice來根五顏六色、手工裹上配料的冷凍香蕉，品嘗爽口、甜而不膩的美味甜點！
地址：310 Marine Ave, Balboa Island, CA 92662

鎮島之寶，就算不喜歡香蕉也會想來嘗口清涼的甜點

碼頭上的小摩天輪，晚上搭乘更浪漫

馬里布海灘 Malibu Surfrider Beach
全球第一個世界衝浪保護區

馬里布海灘有著「衝浪者海灘」(Surfrider Beach)之稱，聚集不少有錢人與名人，與祖瑪海灘同以衝浪著名。此處為全球第一個世界衝浪保護區，有著無敵美景，適合游泳、野餐、賞鳥和釣魚。除了海灘外，鄰近還有許多景點，如馬里布碼頭、馬里布州立購物中心、佩珀代因大學(Pepperdine University)和蓋提別墅等。既可休閒欣賞美景、享受美食、逛街，還可以吹著溫煦海風，感受文化的洗禮。

#地址　23050 Pacific Coast Hwy, Malibu, CA 90265
#停留時間　1小時
#網址　malibupier.com

鄰近景點

Nobu Malibu：這間位於馬里布的高級精緻日本海鮮餐廳由日本名廚松久信幸(Nobuyuki Matsuhisa)創立，擅長混搭傳統日式及祕魯食材的創意料理，經典菜肴是味噌黑鱈魚。

Nobu在LA有許多家分店，而位於海邊的這家有著絕佳的室外海景座位，也因此成為名人們的最愛。除了海鮮，它的松露肋眼排(ribeye truffle steak)也是招牌菜，其入口即化、爽口不膩的口感讓不愛吃肉的人都覺得好吃。

地址：22706 Pacific Coast Hwy, Malibu, CA 90265

熱鬧的碼頭，除了美景，還有小鋪可逛

曼哈頓海灘 Manhattan Beach
全美最佳海灘之一

#地址　Manhattan Beach, CA 90266
#停留時間　1小時
#網址　www.citymb.info

曼哈頓海灘位於荷摩莎海灘(Hermosa Beach)北方，屬高消費區，有許多運動名人居住於此，曾被GQ雜誌列為全美最佳六大海灘。到Manhattan Beach Pier和Valley Drive一帶逛逛，可以看到被Zagat美食評鑑認可的眾多高級餐廳和特色小店。

鄰近景點

帕洛斯弗迪斯(Palos Verdes)：簡稱PV，以寬闊、環繞海景的豪宅著名，有著浪漫唯美的夕陽。建議大家於12～4月間至The Point Vicente Interpretive Center觀賞太平洋灰鯨的遷徙。鄰近的燈塔是PV必拍攝景點。

地址：31501 Palos Verdes Dr W, Rancho Palos Verdes, CA 90275

旅人教堂（Wayfarers Chapel)：著名婚禮教堂，曾出現於美劇《玩酷世代》中。位在太平洋岸的懸崖，遊客們可遠眺絕美海岸景色，而其獨特、現代幾何圖形的玻璃建築，有

旅人教堂不大，但是全玻璃的建築令人讚歎

美到讓人忘了身在何處

著「玻璃教堂」稱號，是洛杉磯在地祕密網美景點與結婚勝地。若想在此舉辦婚禮，切記必須在1年之前就先預約喔！

地址：5755 Palos Verdes Dr S, Rancho Palos Verdes, CA 90275

泰瑞尼度假村(Terranea Resort)：此處占地寬廣、奢華，屬於地中海風格，適合情人浪漫度假也適合全家休閒放鬆。除旅人教堂之外，這裡是另一個熱門結婚勝地。即便不是辦婚禮或住宿，也可與三五好友在度假村中的面海酒吧小酌、小吃一番，欣賞無敵美景。

地址：100 Terranea Way, Rancho Palos Verdes, CA 90275

日落後的碼頭格外迷人

整年都很適合衝浪的杭亭頓海灘

#地址 21601 Pacific Coast Hwy, Huntington Beach, CA 92646
#停留時間 2小時
#網址 www.surfcityusa.com

杭亭頓海灘 Huntington State Beach
衝浪之城

　　熱鬧多元的杭亭頓海灘命名自美國商人Henry E. Huntington，是大洛杉磯橘郡中人最多的海灘城市。杭亭頓海灘有著長達9.5哩的沙岸，氣候溫和，且整年都適合衝浪的氣候，又有著「衝浪之城」(Surf City)之稱。

　　杭亭頓碼頭是美國西岸最長的碼頭之一，長達1,850英呎，而Main Street與太平洋海岸公路(PCH)的路口是這區的核心地帶，也是最多人拍照的地方。

鄰近景點

　　太平洋城市購物中心(Pacific City)：位於太平洋海岸公路(Pacific Coast Highway)上，有著絕佳海景，是杭亭頓海灘

太平洋城市購物中心很好逛，離海灘不遠

最新的購物、餐飲和生活中心。此處的設計靈感來自現代手工海灘小屋，不僅有露天餐廳、室外電影，還有命名源自鄰近救生關哨塔的LOT 579手工藝品市集，另外也包含加州道地餐廳和品牌購物店。

　　地址：21010 Pacific Coast Hwy, Huntington Beach, CA 92648

陽光、沙灘、棕櫚樹，十足的加州氣息

拉古納海灘 Laguna Beach
藝術家的天堂

除了俊男美女之外，拉古納海灘到處可見衝浪客和度假旅客，一邊在 Heisler Park 欣賞半月型海灣，一邊享受海風吹拂。此外，1號公路介於 Jasmine Street 和 Bluebird Canyon Street 的路段，往山上則可見走溫馨的小市區充斥著藝廊、藝品店、露天咖啡座及餐廳，可說是藝術家的天堂。

夜幕低垂，鎮上還是有許多酒吧或小店讓你流連忘返

黃昏的海邊特別舒服，找家有海景的餐廳，天堂大概就是這樣吧

拉古納海灘
#地址　375 Cliff Dr, Laguna Beach, CA 92651
#停留時間　2小時
#網址
www.visitlagunabeach.com

長堤市
#地址　301 E. Ocean Blvd, Suite 1900 Long Beach, CA 90802
#停留時間　2小時
#網址　www.visitlongbeach.com

長堤市 Long Beach
世界知名鬼船在此

長堤市是洛杉磯地區的第二大城。游客到此可參觀水族館，還可乘船出海賞鯨和海豚，到外海的聖卡特琳娜島度個小週末也不錯。

鄰近景點

瑪麗皇后號 (The Queen Mary)：黑白交錯的船身和三個巨大的橘色煙囪，讓人聯想起同公司生產的鐵達尼號。1967年退役後，長堤市將它買下並將改建為旅館。有機會可以參加 Haunted Tour 聽聽這艘船的鬼故事！每年的萬聖節也有鬼船活動 Dark Harbor。
地址．1126 Queens Hwy, Long Beach, CA 90802

導覽員介紹船上曾發生的鬼故事，詭異的氣氛讓人不禁毛骨悚然

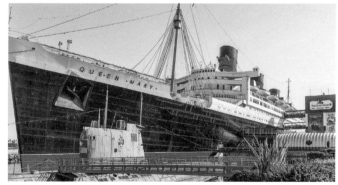

Queen Mary

藝術洛杉磯
LA ARTS

博物館、藝文中心和花園

誰說洛杉磯沒有文化？整個洛杉磯郡大約有超過230個博物館、美術館，而且 LA 到處都有各式藝廊和藝術家工作室。來趙LA，飽覽豐富的藝術品館藏，感受獨特的展場設計與氛圍，享受兼具視覺與美感的心靈雞湯之旅！

蓋提中心 The Getty Center
集結世界級館藏和現代建築的白色藝術中心

石油大亨保羅・蓋提（Jean Paul Getty）曾名列「金氏世界紀錄全球最富有的人」，他生前從世界各地蒐藏了為數驚人的名家藝術傑作，數量多到開了兩座博物館。一般泛稱為「蓋提博物館」，分別是為位於洛杉磯布倫特伍德市的「蓋提中心」，和位於馬里布的「蓋提別墅」。他過世後留下的基金中，蓋提博物館就繼承了約$6.61億美元，一躍成為當時全球最有錢的博物館。

蓋提中心於1997年落成，座落於Sepulveda Pass和405號公路以西的山丘上，斥資$13億美元建造，由曾獲得普立茲克建築獎的建築師

可以選擇搭電車或步行上山

Richard Meier，利用各種正方形與圓形作為主視覺設計。

其獨特的建築、迷宮般的花園、驚人的館藏和絕佳的洛城天際線景色，每年吸引約180萬人造訪。遊客們於山腳下停好車後，即可排隊搭乘園內的空中纜車至山丘上的蓋提中心，沿途可以由高處俯瞰405號公路和洛城市景。

#地址　1200 Getty Center Dr, Los Angeles, CA 90049
#電話　310-440-7300
#開放時間　週二～五、日 10:00～17:30，週六 10:00～21:00，週一公休
#票價　免費
#停留時間　3～4小時
#注意事項　蓋提中心位於405公路上，而405又算是全LA最會塞車、數一數二討人厭的公路。因此想要去Getty的人千萬要有會大塞車的心理準備
#網址　www.getty.edu/visit/center

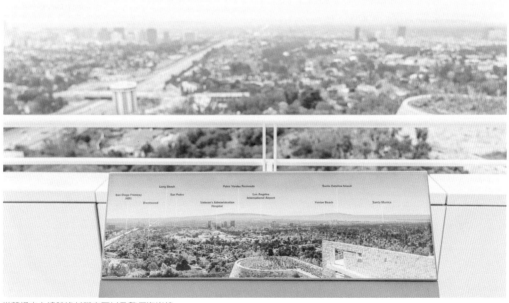
從蓋提中心遠眺洛杉磯市區以及整個海岸線

珍稀的藝術館藏

蓋提中心以極簡白色方塊作為設計主軸，中心內的石磚牆採用義大利運來的洞石並刻意磨粗，再切割成30英吋的倍數建造，而東、西、南、北及特展這五大現代風建築展館包圍中心大廳，展出不同主題的館藏。所有展館的2樓皆陳設知名畫作，1樓則是雕像、裝置藝術和手稿等。

北館收藏17世紀前的宗教藝術手稿和文藝復興時期畫作；東、南館展出16～18世紀的繪畫、雕塑和裝置藝術；西館則是以18世紀後的印象派大師傑作為主，館藏相當驚人。此外，蓋提研究中心還展出稀有書籍、印製品及照片。無論是中古世紀的彩繪手抄本、16～18世紀歐洲的畫作、彩繪手稿、雕塑或裝置藝術，甚至是19、

20世紀的美國、亞洲和歐洲攝影或現代的普普文化，共5萬多件的經典藝術館藏你都可在此看到。其中最著名的作品包含林布蘭畫作《著軍服的老人》(An Old Man In Military Costume)、梵谷享譽盛名的

《鳶尾花》(Irises)、莫內的《印象日出》(Sunrise)、雷諾瓦的《艾伯特·康達維斯》(Albert Cahen d`Anvers)、馬內的《春天》(Spring)和塞尚的《靜物與蘋果》(Still Life with Apples)等。

這裡最著名的線條感設計

下雨天時，中心會提供雨傘給遊客使用

完美融合展館和室外空間，彷彿藝術綠洲

開闊、美麗的室外景觀及花園

露天戶外咖啡廳好有氣氛

宛如花園的中心廣場

揉合自然，
呈現收藏品最佳樣貌

　　洛杉磯的博物館與東岸傳統博物館最大的不同，就是這裡的博物館大多都包含室外開放空間。蓋提中心的入口大廳，採挑高透明採光設計，讓室外陽光能延伸到室內，而所有的展館廳頂也都善用科技模擬自然光，一方面完美呈現偉大藝術傑作的色彩質感，另一方面也讓人在室內仍能享受如室外般溫和的光線。

　　同樣的設計理念也反映在藝術品的呈現。在館外，除了有眾多雕塑品外，更有由景觀建築家Laurie Olin巧思設計的線性噴泉、小橋流水、綠意盎然的植栽造景，南館和西館間則有仙人掌花園，及藝術家Robert Irwin獨具匠心結合加州和地中海花園，設計的杜鵑花迷宮中央花園。

　　蓋提中心無論從何角度望去都是完美畫面，極具巧思的建築線條與光影完美結合光影呈現，與大自然融為一體，怎麼拍怎麼美！欣賞藝術品之餘，旅客還能於綠地草坪上野餐、休憩或於室外庭園漫步、沉澱身心靈，忘記一切擾人的凡塵事物。

蓋提別墅 The Getty Villa
遠離塵囂、穿越時空的古羅馬莊園博物館

入口不明顯，但是各家導航的APP應該都可以找得到

#地址 17985 Pacific Coast Hwy, Los Angeles, CA 90272
#電話 310-440-7300
#開放時間 週一、三～日 10:00～17:00，週二公休
#票價 免費
#停留時間 2～3小時
#注意事項 1.10:00～15:00停車費為每台車 $20，15:00～18:00為 $15，18:00 過後有活動則為每台車 $10。請事先線上預約入館
#網址 www.getty.edu/visit/#home-getty-villa

保羅·蓋提本人是位石油大亨兼藝術收藏家，他對古羅馬有著強烈的憧憬和狂熱。當年他曾造訪龐貝古城遺址，見到歷史真跡當下心神憾動，認定自己是羅馬皇帝哈德良轉世，甚至想買下整座古城，只是此念受到義大利政府的拒絕。

富可敵國的蓋提決定自己蓋一座古城。1954年時，蓋提在其位於太平洋Pacific Palisades的豪宅中開設藝廊，展示藝術收藏。隨著收藏品數量的增加，家中空間開始不夠容納，他便於鄰近的馬里布新蓋了一座別墅莊園，並於1974年開放參觀，別墅建築

靈感來自凱薩大帝岳父在古城赫庫蘭尼姆(Herculaneum)的帕比里／莎草紙別墅(Villa of the Papyri)，由建築師Robert E. Langdon, Jr. 和 Ernest C. Wilson, Jr.參造考古學家Norman Neuerburg的建議設計。但很可惜地，蓋提晚年都居住於他位於英國的住所Sutton Place，所以直至1976年去世都沒機會真正拜訪蓋提別墅，未能有機會親自踏進這座他親自竣工、擴建後的古羅馬莊園博物館。

非常具有歐式風情，差點想要躺上去

露天希臘劇場適合舉辦各式活動，走累了也可坐下休憩

美豔萬分、秋意十足的花園

古歐洲藝術傑作

蓋提別墅與蓋提中心雖同屬蓋提博物館，但以館藏而論，蓋提別墅多以古希臘、羅馬和伊特魯里亞的藝術古物為主，共計超過4萬4,000件，見證了人類7,000多年的歷史，年代橫跨西元前6500年的石器時代至西元400年後羅馬帝國瓦解。

其中古羅馬最偉大雕塑作品之一蘭斯當（Lansdowne）的古希臘英雄《海克力斯》（Heracles）雕像和出自古希臘最傑出雕刻家留西波斯（Lysippos）之手、又被暱稱為蓋提銅像的《勝利青年》（Victorious Youth），為館藏中最珍貴的古藝術傑作。

為了擬真還原古城，別墅以古羅馬古城建築和花園為藍本，共分為三部分：新側翼（New Wing）、內列柱中庭（Inner Peristyle），以及外列柱中庭（Outer Peristyle）。

相較於全館的古羅馬風，入口與遊客區商店顯得較為現代

遊客們可步行進入新側翼，包含了露天希臘劇場（可休憩或舉辦表演活動）、展館、睡蓮池、餐廳及禮品店。與展館相連的內庭有個銅雕圍繞的小水池花園，由此順勢往外走去則可來到外庭。外庭是別墅中最著名也最吸引人的景點，有著羅馬銅雕、壯麗長型水池中庭和環繞義式迴廊，美麗的花園以玫瑰和英國常春藤點綴；西邊則是仿古羅馬人的藥草花園（Herb Garden），當時人們會在家中花園種滿了各式香料。

沿著PCH海岸線公路，吹拂著海風，來這棟兼具視覺、美感與藝術珍品的別墅度過一下午吧，包準你像是去了趟SPA般，身心靈都得到徹底解放！此外，蓋提別墅雖然免入場費，但因開放人數有限，遊客們須先線上預約，將票券列印出來，於預約時間前往，並於入口處出示票券、繳交停車費。

園內四處可見的雕像

對稱、無限延伸、精雕細琢的迴廊

蓋提別墅可以說是LA最美的博物館

内行人小祕密

保羅・蓋提（Jean Paul Getty）

曾身為美國首富的保羅・蓋提，雖願為古董藝術品一擲千金，但實際上他的個性可是鎚銖必較，是出了名的吝嗇鬼，而且個性冷漠。

惜錢如命的他在家中裝設投幣電話亭，以防家人與賓客撥打長途電話、浪費電話費。說到他最惡名昭彰的小氣事蹟，大家都會想到他遲遲不願償付孫子被綁架的贖金！難道愛孫的命連一幅畫都不如？若想更了解他的生平及軼事，可參考電影《金錢世界》（All the Money in the World）和《信任》（Trust）。

洛杉磯郡立美術館 LACMA Los Angeles County Museum of Art

▶ 西岸最大美術館及熱門IG打卡景點

洛杉磯郡立博物館共有8座展館，擁有約13萬5,000件藝術品，橫跨6,000年藝術史，囊括古希臘雕像、美洲或亞洲的藝術品及繪畫，也有當代藝術大師畢卡索和安迪·沃荷(Andy Warhol)的作品。除了典藏藝術品之外，藝術家Chris Burden用古董街燈排列組成的裝置藝術《城市之光》(Urban Light)也很值得一看，感受點亮夜間的神奇藝術。每週五晚上還有免費的爵士樂表演！

附近的佩吉博物館與拉布瑞亞瀝青坑(La Brea Tar Pits)是美國國家自然景觀地標，看起來雖然黑黑醜醜的，但它可是天然瀝青坑，由於坑上常有樹葉、灰塵或水等遮蓋物，動物很容易不小心掉入而身陷其中，數世紀以來積累了大量動物骨骸及化石。喬治·C·佩奇博物館博物館(George C. Page Museum)專門研究瀝青坑和展覽坑中發現的動物標本。

相鄰的彼得森汽車博物館(Petersen Automotive Museum)，館藏豐富，也是值得一遊的地方。博物館內收藏了超過百輛經典古董車，你也可和搶先曝光的未來科技車輛互動。

城市之光是打卡熱門景點

LACMA本身就是設計品

瀝青坑乍看不起眼，但是處處都有學問

設計感十足的汽車博物館

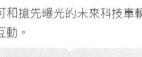

#地址　5905 Wilshire Blvd, Los Angeles, CA 90036
#開放時間　週一～二10:00～17:00，週四11:00～17:00，週五11:00～20:00，週末10:00～19:00，週三公休
#票價　免費
#停留時間　2小時
#網址　www.lacma.org

⸻ 內行人小祕密 ⸻

美術館免費時段
每月的第二個週二、馬丁路德紀念日、總統日和陣亡將士紀念日，門票都免費。盡請把握！

地址　221 S Grand Ave, Los Angeles, CA 90012
電話　213-232-6200
開放時間　週二~三11:00~17:00，週四~五11:00~20:00，週六10:00~20:00，週日10:00~18:00，週一公休
票價　免費
停留時間　2~3小時
注意事項　請事先上網預約 www.thebroad.org/visit，並選擇假日開館第一班的時段入場，才有機會排隊入鏡廳拍照！
網址　www.thebroad.org

布洛德美術館 The Broad
有趣繽紛的當代藝術世界

館藏名作《Tulips》

感受如愛麗絲夢遊仙境般奇幻意境的《Under the Table》

　　洛杉磯市中心的布洛德美術館絕對是LA最熱門的美術館。以慈善家兼創辦人Eli Broad命名，耗資$1.4億建造，並由知名紐約建築師事務所Diller Scofidio + Renfro團隊打造出蜂巢型的獨特外觀。

　　布洛德占地12萬平方英呎，收藏了Broad 所搜集的20萬餘件戰後的當代作品，尤以美國藝術家辛蒂‧謝爾曼(Cindy Sherman)、傑夫‧昆斯(Jeff Koons)、埃德‧拉斯查(Ed Ruscha)、羅依‧李奇登斯坦(Roy Lichtenstein)和安迪‧沃荷之作最受年輕人喜愛。

　　除了吸睛的外觀設計和館藏外，草間彌生所設計的《無限鏡廳》(Infinity Mirrored Room)更在IG造成轟動，吸引不少遊客拍照打卡。除了

布洛德美術館獨特的蜂巢型外觀

鏡廳，以愛麗絲夢遊仙境為靈感的《Under the Table》、支持女性生殖自主權的《Your Body is a Battleground》、普普藝術大師的康寶濃湯畫作《Campbell's Soup Can》、以氣球為靈感的不鏽鋼鬱金香《Tulips》和裝置藝術《Double America》等，也都是推薦欣賞的作品。

相鄰的迪士尼音樂廳也是熱門景點

最新推出、由外往內窺視鏡廳的新體驗

杭廷頓圖書館 The Huntington Library, Art Collections, and Botanical Gardens

彷彿走入花園祕境的圖書館

　　南加州最著名的私人博物館之一，分圖書館及藝術館、植物園兩大部分，擁有700多萬本藏書。

　　杭廷頓主要收藏英美文學著作的珍本和手稿，橫跨11世紀至現代，多達40萬件。包含史上第一次採用活字版印刷術印出的《古騰堡聖經》(Gutenberg Bible)中的一部、莎士比亞的《哈姆雷特》(Hamlet)前兩部分原稿、牛頓親筆註解的《自然哲學的數學原理》(Philosophiæ Naturalis Principia Mathematica)、梭羅《湖濱散記》(Walden)的手稿、奧杜邦的《美國鳥類圖鑑》(Birds of America)、喬叟《坎特伯里故事集》(The Canterbury Tales)手抄本，還有喬治·華盛頓、湯瑪遜·傑弗森、班傑明·富蘭克林、亞伯拉罕·林肯等人的親手書信。

　　除了館藏，這裡還有占地120英畝的美麗植物園。12個主題中，尤以日本花園、沙漠花園和中式流芳園最受歡迎，也是遊客們的重點拍照景點。

廣大的花園，令人心曠神怡

《古騰堡聖經》

典藏畫作《Pinkie》

古典風的中式流芳園

#地址　1151 Oxford Rd, San Marino, CA 91108
#電話　626-405-2100
#開放時間　週一、三日10:00～17:00，週二公休，每月第一個週四須預約才能入場
#票價　成人(19～64歲)$25～29；年長者(65歲以上)$21～24；兒童(4～11歲)$13。每月第一個週四可免費入場，民眾可在前個月的第一天上網索取免費票
#停留時間　3～4小時
#網址　www.huntington.org

影視洛杉磯
LA FILMS & TV

著名電影與影集場景

生活在洛杉磯每天都像是實境影集,你可以親身體驗好萊塢電影和美劇裡的場景。在好萊塢電影的鏡頭下,LA彷彿多面女郎,等你來發現她的多變樣貌與美麗。

找找洛杉磯

電影

數不清的電影都在洛杉磯拍攝，如：科幻經典片《魔鬼終結者 2》；警匪幫派片《震撼教育》、《火線赤子情》；飆車系列電影《玩命關頭》。

適合全年齡觀眾的青春 YA 片《獨領風騷》，浪漫喜劇《戀夏 500 日》、《情人節快樂》、《飯飯之交》；對比東西兩岸生活的《好友萬萬睡》；反諷浮華好萊塢及青少年生活的《星光大盜》。

描述社會不同階層的動作片《捍衛戰警》、《霹靂嬌娃》；劇情片《落日車神》、《鐵面特警隊》、《落日殺神》、《獨家腥聞》；黑色喜劇劇情片《黑色追緝令》；反映多元種族議題的《衝擊效應》。

還有不能錯過的指標性經典電影《火爆浪子》、《養子不教誰之過》、《唐人街》、《麻雀變鳳凰》、《銀翼殺手》和《謀殺綠腳趾》。

影集

以 LA 為背景的電視影集不勝枚舉。像是描述當地富家青少年生活的《玩酷世代》、實境影集《拉古納海灘》、《比佛利拜金女》，以及實境女星生活的《與卡黛珊同行》。

描寫一般人生活的《俏妞報到》、反諷洛杉磯生活的《加州靡情》和描寫好萊塢娛樂界生活的《我家也有大明星／大明星小跟班》及《清道夫》。

或者已經養出忠實粉絲的動作類影集，《24 反恐任務》、《洛城警事》、《火速救援最前線》、《菜鳥警察》及《反恐特警組》；還有祕密幹員類型《海軍罪案調查處：洛杉磯》；經典女間諜片《雙面女間諜》和喜劇間諜片《宅男特務》。

若你喜愛電影美劇，一定要來場電影及影集之旅！除了大家熟知的幾個經典地標常入鏡之外，以下在地人祕密景點其實也經常在銀幕中出現。

*本章提及影視名稱眾多，本書將之原文詳列在書末，敬請參閱。

布萊德布利大樓 Bradbury Building

隱身在洛杉磯市中心的復古奇幻經典建築

布萊德布利大樓集復古和未來感於一身，是洛城著名建築地標之一，由金礦百萬富豪Lewis L. Bradbury委託美國繪圖建築師George Wyman設計建造而成。大樓原本只是做為辦公建築使用，但特殊的外觀，採用以紅磚和砂岩建成的義大利文藝復興式外牆，讓它在1971年被列入國家史蹟名冊，1977年成為國家歷史地標。整個洛城裡只有4棟建築得到這樣的殊榮。

種種精美的細節及百年的歷史，讓它成為洛杉磯最上鏡的建築之一，也因此常在電影、音樂錄影帶和美劇中出現。無論是背景設定在未來的經典科幻劇情片《銀翼殺手》、警探動作片《致命武器4》、藝術片《大藝術家》、另類愛情劇情片《戀夏500日》或影集《生死一點靈》、《未來閃影》和《絕命警探》都曾在此拍攝。

大樓內的藍瓶咖啡適合讀書與工作

布萊德布利大樓入口採法式窄廳的樣式設計，往內走豁然開朗，陽光灑進教堂式的透天中庭，讓人似乎穿越時空回到了古代。大樓內部有著華麗精雕的環繞柱鐵欄杆及扶手，採用繽紛的黃色及粉色石磚、墨西哥地磚、義大利大理石磚階梯、赤土陶器及橡木。這些細節都讓透入的陽光，在不同時間及角度產生不同陰影，增添建築的神祕和靈性。其中最吸睛的是由法國工藝家製作，以藤格狀鑄鐵組成的鳥籠式電梯。對了，精品咖啡藍瓶咖啡也進駐這裡囉！

以電影故事布置場景，經典科幻電影《銀翼殺手》就在此拍攝

#地址 304 S Broadway, Los Angeles, CA 90013
#電話 213-626-1893
#開放時間 平日09:00~18:00，週末10:00~17:00
#票價 免費
#停留時間 1小時
#網址 www.laconservancy.org/locations/bradbury-building

官方認證的歷史建物

精雕細琢的雕工藝術

東方哥倫比亞大廈 Eastern Columbia Building
世界知名裝飾藝術風建築

這棟大廈由美國知名建築大師Claud Beelman設計，曾是家具品牌Eastern Outfitting Company和The Columbia Outfitting Company的公司總部。整棟大廈連鐘塔高達264英呎，藍綠色的陶磚和四面鐘塔超吸睛，被認為是洛城僅存最偉大的裝飾藝術風建築。

東方哥倫比亞大廈包含多棟其他史蹟建築，包含奧芬劇院(Orpheum Theatre)，和目前已改建為The Ace Hotel的聯合藝術大樓(United Artists Building)等。

東方哥倫比亞大廈於2006年耗資$8,000萬美元、耗時2年重新裝修，改建為擁有147戶的住商兩用大廈，每戶皆打破市中心歷史區房價的天價售出，其奢華的內部裝潢也獲得當地名人青睞，吸引了強尼·戴普(John Depp)及約翰·史坦摩斯(John Stamos)等影星的入住，強尼戴普更曾一次購入5戶頂層房。除了有名人入住的加持外，它也常出現在大小銀幕中的洛城經典鏡頭，最近也在熱門影集《魔鬼神探》中出現。

據說強尼戴普買了這棟大樓的頂樓

外磚與建築設計令人目不轉睛

比佛利山威爾希爾酒店 Beverly Wilshire
《麻雀變鳳凰》傳奇酒店

屬於四季飯店集團的比佛利山威爾希爾酒店，是位於名流聚集的比佛利山莊的傳奇豪華酒店，占據名店街「羅迪歐大道」和「威爾希爾大道」的交叉口。酒店自1928年開幕以來即常作為電影及影集的拍攝場景，更有眾多名人入住，包含美國前總統歐巴馬、日皇裕仁、達賴喇嘛、貓王、華倫·比提(Henry Beatty)、約翰·藍儂、艾爾頓·強(Elton John)、米高·肯恩(Michael Caine)、麥克·道格拉斯(Michael Douglas)、貝蒂·米勒(Bette Midler)、達斯汀·霍夫曼(Dustin Hoffman)、勞勃·帕汀森(Robert Pattinson)和艾爾·帕西諾(Alfredo Pacino)等。帕汀森和艾爾·帕西諾等。

不過讓眾人真正印象深刻的，應該是它在電影《麻雀變鳳凰》扮演的重要場景。

東方哥倫比亞大廈
地址　849 Broadway, Los Angeles, CA 90014
電話　213-626-1893
開放時間　09:00～20:00
票價　免費
停留時間　1小時
網址　easterncolumbiahoa.com

比佛利山威爾希爾酒店
地址　9500 Wilshire Blvd, Beverly Hills, CA 90212
電話　310-275-5200
網址　www.fourseasons.com/beverlywilshire

在《麻雀變鳳凰》中扮演重要角色的經典飯店

迪士尼音樂廳 Walt Disney Concert Hall
市中心閃爍奪目的建築傑作

迪士尼音樂廳是洛杉磯音樂中心的第四棟建築，由普立茲克建築獎得獎大師Frank Gehry所設計，占地3.6英畝，採用解構主義風格和不鏽鋼片狀屋頂做造型，若由不同角度觀看，有種銀帆隨風飄動的視覺感。

音樂廳是華特·迪士尼遺孀Lilian Disney捐贈給洛杉磯人的禮物，也用來紀念丈夫對於藝術和洛杉磯市的貢獻。目前它是洛杉磯愛樂樂團和洛杉磯合唱團的駐地，也是全球音效效果最好的音樂廳之一。

此音樂廳曾多次現身於影視作品，像是《辛普森家族》、《24反恐任務》、《新飛越情海》、《家族風雲》、《鋼鐵人》、《特務行不行》和《玩命關頭7》。電影《駭客任務完結篇：最後戰役》更是選擇這裡作為世界首映會的地點。

流線型超吸睛的外觀，在陽光照射下美麗奪目

#**地址** 111 S Grand Ave, Los Angeles, CA 90012
#**電話** 213-626-1893
#**開放時間** 每日，詳細活動與劇場時間請參考官網
#**票價** 參觀免費
#**停留時間** 1小時
#**網址** www.laphil.com

爬上階梯後 發現到處都是網美在拍照

90

坎特餐廳每晚皆有Live表演，你一定不能錯過

坎特餐廳 Canter's Deli
▶ 24小時營業，歐巴馬也愛的洛城在地美食

坎特餐廳是一間猶太熟食餐廳。60年代時許多搖滾音樂家在此區長大，加上與洛城夜生活大熱門的Sunset Strip不遠，餐廳也就順勢成為嬉皮、搖滾歌手等反主流文化人士的熱門聚集地，之後更將影響力延伸到影視名人。貓王、瑪麗蓮·夢露、伊麗莎白·泰勒等都曾造訪過坎特餐廳。美劇如《人生如戲》、《廣告狂人》和《我家也有大明星／大明星小跟班》等也來此取景。

24小時營業的坎特餐廳，每晚皆有Live表演，也因此捧紅了眾多搖滾樂團和歌手，如壁花合唱團(The Wallflowers)和費歐娜·艾波(Fiona Apple)，

更有許多巨星歌手參與表演，如梅莉莎·埃瑟里奇(Melissa Etheridge)和槍與玫瑰(Guns N' Roses)的Slash等。

在這裡，除了提供猶太傳統美食如燻牛肉、燻鮭魚配貝果、鹽醃鹹牛肉，猶太九子湯和猶太辮子麵包外，也提供非猶太食物，且每週六安息日仍持續營業。

這裡的美食曾多次得獎，它的鬆餅被洛杉磯雜誌評比為洛杉磯最好吃的鬆餅，Monte Cristo法式三明治也被《Esquire》雜誌封為全美最好吃的三明治之一，分量扎實的燻牛肉三明治更是必點，就連美國前總統歐巴馬也曾親自造訪。

越夜越美麗，晚上才是拜訪的好時機

餐廳逛一輪，彷彿掉入搖滾音樂的時光隧道

#地址　419 N Fairfax Ave, Los Angeles, CA 90036
#電話　323-651-2030
#開放時間　24小時
#網址　www.cantersdeli.com

粉紅熱狗 Pink's Hot Dogs
好萊塢傳奇象徵的老牌熱狗店

洛城之寶「粉紅熱狗」位於 Fairfax，是知名地標和老牌熱狗店，以粉色吸睛的裝潢和簡單美味的辣熱狗出名，一天可賣出約1,500～2,000條熱狗。

粉紅熱狗由 Paul & Betty Pink 於1939年創立，當初只是手推餐車。經濟大蕭條時，人們花費10美分即可享用搭配 Pink's 祕製家傳辣椒醬、芥末和洋蔥的美味扎實辣熱狗堡。

深受名流熱愛的粉紅熱狗，只要一走進店面即可見到掛滿了名人簽名照的牆面，女星珍妮佛‧嘉納（Jennifer Garner）、男星基佛‧蘇德蘭（Kiefer Sutherland）、生活達人瑪莎史‧都華（Martha Stewart）、超模泰拉‧班克斯（Tyra Banks）、脫口秀

主持人吉米‧法倫（Jimmy Fallon）、已逝喜劇男星羅賓‧威廉斯（Robin Williams）、名導昆汀‧塔倫提諾（Quentin Tarantino）、歌手凱蒂‧佩芮（Katy Perry），甚至前第一夫人蜜雪兒‧歐巴馬（Michelle Obama）也帶著孩子們來吃。

這裡人氣最旺的是創店之寶

原味辣熱狗。但隨著生意成長茁壯，粉紅熱狗不斷擴張，也因此增加菜色，包含：以電影名命名的熱狗例如「樂來樂愛你熱狗」、「魔界熱狗」。還有以當地地名或名人命名的菜肴（通常是這些名人自己熱愛的熱狗組合）：加上芥末、紅心蘿蔔、洋蔥、切塊番茄、酸菜、培根和酸白醬的「瑪莎史都華熱狗」，甚至還有「洛城市長熱狗」和「星光大道熱狗」。

各式各樣口味的熱狗一目了然

店家不斷研發獨家口味

#地址　709 N La Brea Ave, Los Angeles, CA 90038
#電話　323-651-2030
#開放時間　週日～週四 09:30～02:00，週五～週六 09:30～03:00
#網址
www.pinkshollywood.com

外觀跟店名一樣顯眼

Movie Tour
樂來樂愛你
經典場景巡禮

「La La Land」這個詞原本指的是與現實脫離的夢幻及極度開心狀態，後來也與洛杉磯／好萊塢這個眾人前來追求夢想的迷幻世界畫上等號，也因此成為洛杉磯這個城市的暱稱。得到大獎、獲得好評的電影《樂來樂愛你》就像是導演獻給LA的情書，擺脫了它一般帶給人紙醉金迷的印象，用一種老好萊塢式的浪漫，帶出洛杉磯這個城市純樸和美好的一面，也是LA鮮為人知的另一種風貌。

馬爾蒙莊園旅館 CHÂTEAU MARMONT

星光閃耀、最容易遇到好萊塢巨星的旅館

中庭很幽靜，彷彿置身城堡莊園裡

馬爾蒙莊園旅館是電影中女主角Mia成名後回洛杉磯住的飯店，也是好萊塢傳奇開始的地方。緊鄰日落大道商圈、位於隱密的山坡，再加上華麗復古又神祕的氛圍，馬爾蒙莊園漸漸成為藝術家、好萊塢明星名媛和富豪們的最愛。許多電影都在此取景，許多明星專訪也選在此地進行。

推薦料理酪梨吐司加水波蛋

馬爾蒙莊園旅館
#地址 8221 W. Sunset Blvd, West Hollywood, CA 90046
#電話 323-656-1010
#交通指引 在日落大道(Sunset Blvd)上行駛，遇到Marmont Lane後右轉至山坡上馬爾蒙莊園旅館
#停留時間 2小時
#網址 www.chateaumarmont.com

華滋塔藝術中心
#地址 1765 E. 107 St, Los Angeles, CA 90002
#電話 213-847-4646
#開放時間 週一、二休館，週三~六10:00~16:00，週日12:00~16:00（外部導覽於週四~六10:30~15:00，週日12:30~15:00舉辦，每半小時一場。雨天取消）
#票價 免費
#停留時間 1小時
#網址 www.wattstowers.org
#注意事項 華滋塔位於洛杉磯治安極差、犯罪率極高的Compton區，建議最好在白天與朋友一起駕車前往

華滋塔藝術中心 WATTS TOWERS ARTS CENTER

當廢棄物變成雕塑藝術

就在男女主角繼續探索洛杉磯時，兩人也造訪了在地著名的民間裝置藝術紀念塔「華滋塔」。華滋塔是由一位移民美國的義大利建築兼磁磚技工 Sabato (Simon) Rodia 傾盡33年光陰設計而成。總共有17座塔雕，搭配繪畫、貝殼、玻璃瓶、陶器、石頭和馬賽克磁磚。

特異的雕塑創作

此地所在區治安不佳，請隨時注意周遭是否有不明、危險人士靠近

華納兄弟片廠 WARNER BROTHERS STUDIOS

讓影迷一探拍片幕後祕辛

若你想了解片場真正的樣子、幕後拍攝過程或是祕辛，這趟片場遊保證不會讓你失望！

身為好萊塢最古老且仍在運作的製片廠之一，片場的3小時的幕後導覽能帶你穿梭真正的片場，觀賞具代表性的電影及美劇場景的道具、戲服部門、音效舞台，更有DC漫畫電影戲服特展、蝙蝠俠電影特展及電視影集《六人行》(Friends)的拍攝場景。運氣好時，還可能真的遇到拍戲的明星們！

與環球影城不同，由於須顧慮到眾多電影、電視的拍攝，每日能入園參加片場導覽的人數有限，民眾若想參觀，須事先打電話或使用Email預約，而抵達之後，為了安全起見，進入片場前會先經過一番詳細的安檢，再至櫃檯報到。

半開放空間式遊園車，拍照很方便

記得在片場門口看看有沒有你的愛片

彷彿取之不盡用之不竭的道具組

地址　3400 Warner Blvd, Burbank, CA 91505
電話　818-977-8687
開放時間　幕後導覽時間為每日08:30～15:30，但會依日期不同而異
票價　成人(13歲以上) $69，兒童(0~12歲) $59
停留時間　3～4小時
網址　www.wbstudiotour.com

內行人小祕密

The Smoke House

《樂來樂愛你》片中，雷恩·葛斯林(Ryan Gosling)飾演的男主角Sebastien，與餐廳經理在聖誕節因彈奏曲目意見不同而起爭執被開除的「Lipton's餐廳」，其實是位於華納兄弟片場對面的知名餐廳「The Smoke House」。許多明星或是臨演喜歡穿著戲服來這裡吃飯，而這裡的招牌Prime Rib可是歷史悠久，從1946年就開賣的呢！他們著名的大蒜起司麵包更是這裡必點的招牌菜。偷偷告訴大家從導覽聽來的故事，這家餐廳受歡迎的程度，讓好萊塢巨星喬治·克隆尼(George Clooney)都成了它的超級粉絲，對它念念不忘的程度，連自己成立的製片公司都以此餐廳的名字來命名！地址：4016, 4420 Lakeside Dr, Burbank, CA 91505

看得出這就是劇中女主角Mia工作的咖啡店嗎？

報到後，片場將會發放每人專屬的導覽團體牌，之後由各隊的導覽員引導進入放映廳，觀賞影片讓大家了解華納兄弟製片公司的歷史。接著，導覽員將開遊園車帶遊客遊片場，講解每個拍攝場地、布景或參觀真正的攝影棚，並搭配導覽車上播放的影片提供比對及相關資訊。若你是劇迷，尤其是《Gilmore Girls、Pretty Little Liars》等青少年影集，那你絕對會在片場中看到劇中熟悉的場景，請不要太興奮囉！

《樂來樂愛你》片中，女主角在華納片場內打工的咖啡店其實並不存在喔！而是在片場中直接架設出來的！值得一提的是，咖啡店對街的窗戶其實就是經典電影《北非諜影》(Casablanca)片中的一景喔！

也因此，當本片導演發現這個極具歷史意義的小插曲後決定把它寫進腳本裡，帶出Mia對於這部1942年經典老片的熱愛。而他們經過的著名Stage 6，也是音樂劇《第四十二街》(42nd Street)的拍攝處。

美劇《六人行》的牌子仍掛在當初拍攝的攝影棚

華納兄弟片廠經典地標

電影《神力女超人》中的劇服

格里斐斯天文台 GRIFFITH OBSERVATORY

約會、欣賞洛杉磯夜景的最佳景點

1882年時，熱愛天文的礦業大亨格里斐斯(Griffith)在山上購買了一大塊地，並決定捐贈給洛杉磯郡政府，希望政府在上面蓋一座可供市民使用的天文台和公園。經過多年開發，它終於完工，是現今世界最著名的天文台之一。晚上可觀星，而白天則可看到白色好萊塢標誌。

格里斐斯天文台既復古又兼具未來感，站在觀景台可看到洛杉磯最美的夜景。夜間時往觀景台走去，往東可看到洛杉磯市中心，往西可看到太平洋，腳下則是來往流動的霓虹車燈，搭配天文台金色奪目的燈光，實在讓人一飽眼福，將LA全景夜景盡收眼底。這樣的美景，當然也順利成為當地情侶最愛的晚間約會之處！

天文台除了曾出現在電影《樂來樂愛你》中男女主角約會的浪漫橋段外，許多著名電影也曾在此取景，包含《養子不教誰之過》、《魔鬼終結者》和《霹靂嬌娃》等。

天文台所在的格里斐斯公園也是電影內男女主角大跳雙人踢踏舞經典場景所在地，適合闔家來此野餐與散步。

整個洛杉磯就在腳下

除了影迷，這裡也是天文迷的最愛

天文台經典景觀

#地址 2800 E. Observatory Rd, Los Angeles, CA 90027
#電話 213-473-0800
#開放時間 週二～五12:00～22:00，週六～日10:00～22:00，週一休館
#票價 門票免費(但太空劇場每小時均有1～2場節目，一場天文秀為30分鐘，票價成人為$7，60歲以上為$5，5～12歲為$3)
#交通指引 於101公路往北的方向，在佛蒙特街(Vermont Ave)下高速公路，繼續往上開直至遇到E. Observatory Rd，建議大家先停在往山上的路上，在往山上爬行即可抵達
#停留時間 3小時
#網址 www.griffithobservatory.org
#注意事項 天文台的停車場自2018年起開始要收費，夏季時段(7/18～9/3)停車費每小時$8，其他時節則沒有時間限制，一律為$6。週末、傍晚日落時分、夏季、假日、春節、連續假期等都是人潮眾多時段，付費後放在車子儀表板上即可(若擔心停車不方便，建議也可搭乘Uber或Lyft比較方便喔！)

── 內行人小祕密 ──

行程安排建議

若你不想舟車勞頓，想要一整天待在好萊塢及鄰近的洛斯費利茲(Los Feliz)區域，不妨先來格里斐斯天文台度過個愜意的下午，接近日落時分再前往天文台，因為這時是當地攝影師們最愛的拍照時刻，除了可拍攝到洛杉磯著名的多彩天空外，太陽下山後的夜景更是浪漫、美到讓人忘了呼吸！

《樂來樂愛你》拍攝小祕密

《樂來樂愛你》中男女主角兩人浪漫飛舞的天文劇院，在影片拍攝當時其實正在進行整修，所以無法外借拍攝，因此劇組人員在片場內自行仿造天文館內部搭建了場景來進行拍攝，甚至加強了場景的藝術氣氛，讓它比實際場景還浪漫唯美！

天使鐵路 ANGELS FLIGHT

世界上最短的鐵路

有人戲稱 BPOE 是 Best People On Earth

位於中央市場對面，天使鐵路是世界上最短的纜索鐵路，路程 50 秒。

天使鐵路在 2001～2013 年間曾因設計不良發生致命事故而被迫停駛，直至 2017 年電影《樂來樂愛你》劇組動用資源才讓其復駛。此地為劇中男女主角浪漫接吻的地點，因此掀起一波觀光熱潮，天使鐵路也才再度開放。

搭乘一次只要 $1 美元

側面看車廂設計

天使鐵路
地址　350 S. Grand Ave, Los Angeles, CA 90071 (California Plaza 入口) 或 351 S. Hill St, Los Angeles 90013 (Grand Central Market 對面的入口)
電話　213-626-1901
開放時間　06:45～22:00
票價　單程為 $1
停留時間　半小時
網址　angelsflight.org

科羅拉多街大橋
地址　504 W. Colorado Blvd, Pasadena, CA 91105
開放時間　全日
票價　免費
交通指引　可停在鄰近的 Green St Grand Ave 住宅區邊路停車
停留時間　半小時
網址　https://reurl.cc/oDAEXj

科羅拉多街大橋 COLORADO STREET BRIDGE

浪漫悲傷之橋

科羅拉多街大橋由 Waddell & Harrington 事務所設計，以學院派風格 (Beaux Arts) 的拱型建築而著名，為國家歷史土木工程地標。

劇中男女主角兩人於黃昏時在此浪漫漫步，但其實這座橋有著「自殺之橋」之稱。

傳說當年橋墩在建造時，有位建築工人因陷入當時未乾的濕水泥中死亡而留下詛咒，讓至今超過百人在此跳橋輕生。現在市政府乾脆在兩邊架起鐵絲網，並在網上貼滿鼓勵的話語及防自殺專線。

夕陽超美呀

燈塔餐廳及荷摩沙海灘 THE LIGHTHOUSE CAFE & HERMOSA BEACH

洛杉磯爵士樂經典餐廳及最浪漫的海灘

燈塔餐廳的前身是家酒吧，名為「The Lighthouse」，自1949年即開始演奏爵士樂，直至1981年又轉手賣出才加了「Cafe」一字。這個爵士音樂餐廳／俱樂部至今已有67歲，一直都是在地人享受老派經典、純爵士樂的必去地點，也常有知名爵士音樂家在此客座表演，如Miles Davis。

90年代中期為因應時代潮流，原本爵士樂的光彩慢慢褪去，現在一週只有2天演奏爵士樂，其餘時間大多為其他類別音樂的現場表演，有時還會演奏鄉村歌曲。

碼頭在夕陽時分特別美麗

此外，這裡也是Gosling在片中演唱主題曲《City of Stars》的地方！位於荷摩沙海灘碼頭旁，有美麗的海景，要拍一部關於LA的電影，沒有海灘的鏡頭好像不太合理！

可惜少了男主角，無法重現場景　　　　　　　　　　酒吧的入口

也有戶外陽台用餐區，天冷時有暖爐

牆上可以看到電影劇照

#地址　30 Pier Ave, Hermosa Beach, CA 90254
#電話　310-376-9833
#開放時間　平日17:00～02:00，週末11:00～02:00
#票價　免費
#停留時間　2～3小時
#網址　www.thelighthousecafe.net

內行人小祕密

燈塔推薦拍照打卡處

餐廳內部在靠近後門牆上，有著《樂來樂愛你》的海報跟在此拍攝的劇照，推薦大家來此拍照打卡，好好回味一番。

洛杉磯中央市場 GRAND CENTRAL MARKET

百年市場時尚新面貌

　　洛杉磯中央市場最初是為了方便當時 Bunker Hills 的居民採買生活雜物而成立。隨著年代推移，洛杉磯市中心近幾年積極保留史蹟建築，而中央市場也跟著重新翻修開張，現今約有 40 家攤販，包含傳統卻又創新的肉攤 Belcampo Meat Company 和各式異國料理。

　　此外，你也可在這找到時尚的咖啡廳、酒吧和高級起司店等等，是洛杉磯目前最時尚的飲食據點之一，也是《樂來樂愛你》男女主角浪漫約會的地點之一！市場兩大入口的對面分別是「天使鐵路」，以及和多部經典影片拍攝處的「布萊德布利大樓」。

熱鬧的用餐區；找位子也是要眼明手快

5 個店面寬，裡面像地球村

 # 地址　317 S. Broadway, Los Angeles, CA 90013
 # 電話　213-624-378
 # 開放時間　08:00～22:00
 # 票價　免費
 # 交通指引　可直接停在 Grand Central Market 的停車場，前 90 分鐘 $3，之後每 15 分鐘 $2，一天最多 $25
 # 停留時間　1～2 小時
 # 網址　www.grandcentralmarket.com
 # 注意事項　最好避開人潮尖峰時刻，選擇週間下午或晚上造訪都不錯

一面霓虹燈牆完整訴說了這個市場的多元

內行人小祕密

特別推薦攤位

Eggslut 是這裡最熱門的店，專門賣各式以「蛋」為主食材的料理。其他知名攤販還包括 Knead & Co（推薦肉球義大利麵）、Tacos Tumbrasa Tomas（推薦正宗墨西哥塔可夾餅）、Horse Thief（推薦 BBQ 牛肉片）、Sarita's Pupuseria（推薦墨西哥玉米薄餡餅）、Wexler's（推薦原創燻牛肉三明治），以及 Ramen Hood（推薦蔬食拉麵）等。

時尚 加州女孩

California Chic

LA STYLE

LA各區時尚風格

通常我們用「Effortlessly Chic」和「Casual Sexy」來形容洛杉磯的穿衣風格,即輕鬆休閒中帶著不費功夫、不著痕跡、自然流露出的時尚性感 。這看似隨性的性感其實一點都不簡單。要找到屬於自己獨特的LA風格,需要多年的嘗試和改變,化繁為簡。

由於洛杉磯幅員廣大,所以其實各區穿搭也不盡相同,而非只有T恤和牛仔褲才是LA Style。

以下就一起來認識LA各區時尚風格吧!

Hipster, Indie Eclectic
藝術嬉皮風

代表地區——Los Feliz, Silverlake, Echo Park

這幾區充滿了藝術工作者或獨立製片 / 音樂類的演員和歌手,因此這裡的風格混搭了現代與復古文青,女星柔伊‧黛絲香奈(Zooey Deschanel)就是最佳代表。

Hippie Hipster
文青風

代表地區——Abbot Kinney, DTLA Arts District

艾伯特金尼大道和洛杉磯市中心的藝術區都是充滿自由文藝氣氛的街區,因此吸引了文青聚集。這裡的穿搭偏向雅痞,既有質感卻又饒富個人特色。品牌Urban Outfitters可算是此種風格的代表。

Funky, Rock N'Roll & Trendy
個性潮流風

代表地區——WeHo

梅爾羅斯街(Melrose)上有許多饒富特色的復古二手衣小店和刺青店，因此這區的穿著都極具個人特色，時尚中帶搖滾龐克風，歌手或女星如菲姬‧杜默(Fergie)、關‧史蒂芬妮(Gwen Stefani)、麥莉‧希拉(Miley Cyrus)等都是這類風格代表。特別要注意的是梅爾羅斯街與梅羅斯莊園街不同，雖同在 Melrose Ave 上，但區段不同，風格也迥異。

Casual & Boh
海邊休閒嬉皮風

代表地區——Malibu

靠近海邊且擁有眾多衝浪玩家，穿搭以寬鬆自在、方便移動為主。無論是搭配牛仔褲或是洋裝、裙裝，皆給人一種隨時可前往海邊或去做瑜伽的感覺。色系多為白色和卡其色，代表品牌為 James Perse。女星凱特‧哈德森(Kate Hudson)、卡麥蓉‧狄亞(Cameron Diaz)都是此類風格的代表。

Casual & Trendy
時尚風

代表地區——WeHo

西好萊塢簡稱「WeHo」，是洛杉磯的設計時尚街區，許多設計師品牌、新興時尚品牌都在這裡，尤其是梅羅斯莊園街一帶，許多年輕一代的好萊塢女星名媛和時尚網紅都是這裡的常客，風格偏向時尚、充滿個性感。

洛杉磯女孩穿搭
LA STYLE

到底什麼是「LA Style」?

你可能會觀察到洛杉磯女孩擅於混搭獨立設計師品牌、精品與平價品牌,讓整體造型簡單卻充滿個人獨特感,既可穿去網美餐廳吃早午餐,也可穿去In-N-Out吃漢堡。

通常時尚街區或特色小店是洛杉磯女孩會採購最新單品的地方。融合一、兩樣當季時尚元素,時尚中帶點性感和個性,低調卻藏不住自然亮麗,再搭配上一頭自然波浪的亂髮、看起來簡單貼身的上衣、拎著時尚包款、襯托出曲線的合身牛仔褲,加上一副有型太陽眼鏡,這就是渾然天成的「LA Style」。

而另一種在音樂祭常見的LA Style為「嬉皮風」。這類風格由復古衣著、喇叭丹寧褲、飄逸洋裝和流蘇造型等元素組成,散發出一種屬於洛杉磯獨特的悠閒輕鬆感,深受嬉皮文青和獨立音樂家的喜愛。LA長大的名媛妮可‧李奇(Nicole Richie)即是這類風格的代表,而來自LA的品牌Blue Life, Lovers + Friends(更多了些女性浪漫的蕾絲元素)及著名的Boho品牌Free People都是此類風格的代表品牌。

大街小巷都是你的伸展台

Shopping in LA

許多人總覺得只有紐約才是時尚之都，但其實洛杉磯也很時尚。畢竟身為世界娛樂中心，LA聚集許多好萊塢明星、名人富豪，時尚當然也要走在最前線。行家都知道，LA不僅是全球頂級牛仔褲品牌的大本營，更是許多時尚瑜伽休閒品牌的發源地！

必逛、必買品牌和伴手禮

若硬要說有什麼LA獨有的實體物品值得當紀念品或伴手禮帶回去，還真是難想，畢竟美國大多都是全國（甚至是全球）連鎖品牌，鮮有所謂的「在地伴手禮」。但近年來LA有許多在地「Lifestyle」生活品牌如雨後春筍般冒出，也開始有了些代表性的品牌或LA特有的店面，例如下頁的介紹。

精品名店街、時尚街區、暢貨中心，要什麼、有什麼，誰說LA不好逛?!

時尚生活類

／代表LA休閒時尚文化的頂級牛仔褲品牌7 for All Mankind、AG、Current/Elliott、Frame Denim、J Brand、Mother、Paige等

／全球精品設計師電商平台REVOLVE（在梅爾羅斯街上有showroom展示間）

／時尚瑜珈alo yoga

／彩虹休閒生活Aviator Nation

／好萊塢女星葛妮絲・派特洛創立的健康生活品牌goop

／極簡休閒精品時尚James Perse

／舒適休閒時尚Joie

／Indie風平價時尚Madewell

／浪漫復古性感風Reformation

／慈善帆布懶人鞋TOMS

餐飲類

／精品咖啡Alfred Coffee

／現代時尚茶室Alfred Tea Room

／手工創意巧克力Compartes Chocolatier

／美墨創意料理餐車Kogi

／冷壓果汁Pressed Juicery

／杯子蛋糕Sprinkles

／精品糖果Sugarfina

───── 內行人小祕密 ─────

Sample Sale

各大品牌舉辦「Sample Sale」時，他們會拿出大量樣品、生產過多的商品或是當季有些小瑕疵的品項（但其實都接近全新商品）來做拍賣，以1～5折的低價售出，是搶自己喜歡品牌商品的最好時機。由於時間和地點都不固定，建議先上網查詢。

Chicmi: www.chicmi.com/los-angeles/sample-sales

Uncover LA: uncoverla.com/los-angeles-sales

Bargains LA: www.bargainsla.com/hot_sales

其他必逛品牌或店面

　　除了以上提及的這些洛杉磯在地品牌外，以下這些在美國各地購物中心可見的連鎖品牌或店面，也很值得一逛。

／亞馬遜實體書店 Amazon Books

／浪漫文青風選物時尚店 Anthropologie

／蘋果直營展示店 Apple

／GAP 集團旗下時尚瑜伽生活 Athleta

／時尚平價實用行李箱 Away

／休閒舒適的時尚品牌 Splendid

／浪漫嬉皮風品牌 Free People

／時尚年輕人最愛的極簡網美美妝保養品牌 Glossier

／加拿大時尚瑜伽 lululemon

／時尚百貨 Nordstrom

／美妝保養天堂 Sephora

／性感內衣 Victoria's Secret

購物小撇步

　　身在洛杉磯這個購物天堂，想不買到剁手都難！以下跟大家分享一些在地的購物小撇步。

　　除了右列的三個大折扣節日外，也會有零星的小折扣，如5月底的「陣亡將士紀念日」、7月初的「國慶日」和9月的「返校日」(Back to School)等。

美國三大折扣節日

／年中慶 (Semi-Annual Sale)：大約在6月下旬～7月中旬或是12月，先從線上商店開始，之後實體店才跟進打折，這時最多可能會打到3折，而冬天的年中慶通常打得又比夏季多。

／感恩節 (Thanksgiving)：11月下旬，這時也是美國著名的「黑色星期五」(Black Friday)超級購物季。除了實體店大打折扣外，線上購物則以黑色星期五過後的「網路星期一」(Cyber Monday)為主。

／聖誕節 (Christmas)：12月下旬開始，是整年度折扣最多的時間。

　　大多數的美國人有實體購物需求時，通常會選擇到購物中心。所謂的Mall是由一群連鎖品牌店面與百貨公司合體，有著環繞式長廊，沿著長廊兩側佇立著連鎖品牌店面，樓高通常兩、三層，占地廣大，足以讓人在裡面耗上一整天。

　　以下就來介紹洛杉磯最好逛、容易讓人失心瘋的大型綜合購物中心。

聖塔莫尼卡購物中心 Santa Monica Place
遊客聚集的海邊購物中心

#地址　395 Santa Monica Place, Santa Monica, CA 90401
#電話　310-260-8300
#開放時間　週一～六 10:00～21:00，週日 11:00～20:00
#停留時間　1小時
#網址
www.santamonicaplace.com
#Map

　　來到LA的人，通常也一定會去聖塔莫尼卡的海邊晃晃。緊鄰著名的「三街行人徒步區」，及相連的聖塔莫尼卡購物中心，耗資$2.5億美元，於2010年重新開幕。

　　這棟購物中心高達三樓。1樓和2樓有高級百貨Nordstrom、Barney's New York和Bloomingdale's，店面包含眾多精品及年輕潮店，如7 for all Mankind、Allsaints、Coach、Forever 21、Free People、G-Star Raw、Hugo Boss、Karen Millen、Louis Vuitton、Michael Kors、Rimowa、Ted Baker、Tiffany & Co.、Tory Burch、Tumi、Uniqlo等。

　　3樓則為藝術影院ArcLight Cinemas和美食廣場。喜歡戶外空間的旅客，可以考慮到室外用餐區，欣賞太平洋美景的同時還可一邊感受自然涼爽的海風、加州溫煦的太陽，再享受各式各樣的美食。特別推薦健康養生的True Food Kitchen。

露天陽台吹風、品味美食，好不享受！

吃東西買東西，這裡一站搞定

比佛利中心 Beverly Center
現代時尚的新潮比佛利

比佛利中心位於比佛利山莊和西好萊塢之間，於San Vicente Blvd和La Cienega Blvd交會的三角斜角處，讓它注定成為這城市的現代時尚指標之一。

近年隨著線上購物成為主流，且室外複合式生活中心如「葛洛夫購物娛樂中心」興盛，純室內的購物中心正逐漸被淘汰。在嚴重的客群流失之下，這些曾經紅極一時的購物中心，開始思考如何轉型。

比佛利中心是這波室內購物中心大整形的其中一個。2016年開始，比佛利中心斥資$5億從裡到外完整翻修一遍，將原來的外牆換上時尚的白色孔狀不鏽鋼外皮，屋頂換上2萬5,000平方英呎的天窗，主要商店樓層也都有落地窗，讓遊客們搭乘透明手扶梯時，還能欣賞好萊塢山(Hollywood Hills)的景色。中心內部高達三層樓的LED螢幕，播放各種藝術影片，讓空間更添時尚感。

新潮的外觀

除了商店經過重新調整外，你也可以在1樓主街道找到LA現下最熱門的時尚餐飲。

╱義大利海鮮餐廳Cal Mare
╱洛杉磯精品咖啡Coffee Commissary和Lamill Coffee
╱洛城創意蛋堡EGGSLUT
╱知名蔬食餐廳Farmhouse
╱日本丸龜製麵 Marugame Udon
╱高級法式糕點 Pitchoun Bakery & Cafe
╱有機美墨蔬食料理餐廳 Tocaya Organica
╱知名海鮮餐廳Yardbird Southern Table & Bar

寬廣、透光的內部

#地址　8500 Beverly Blvd, Los Angeles, CA 90048
#電話　310-854-0070
#開放時間　平日10:00～21:00，週六10:00～20:00，週日11:00～18:00
#停留時間　2小時
#網址　www.beverlycenter.com
#Map

世紀城購物中心 Westfield Century City

洛杉磯最潮購物中心

就在比佛利中心積極翻修的同時，世紀城購物中心也是這波傳統購物中心大整形風潮的領頭羊。現在的世紀城耗費$1.6億美金大翻修，成為樓高兩層、占地130萬平方英呎的新時尚代表。

相對於比佛利中心取向偏奢華高端，世紀城的品牌顯得年輕、在地且獨特。

/年輕時尚潮牌：7 for all Mankind、AllSaints、Current / Elliott、Equipment、Free People、Joie、John Varvatos、Lululemon、Madewell、Maje、Sandro。

/時尚連鎖品牌：Abercrombie & Fitch、American Eagle Outfitters、Anthropologie、Aritzia、Banana Republic、Gap、H&M、J.Crew、Old Navy、Zara。

/美妝和香氛品牌：Aesop、Malin+Goetz、NYX、Urban Decay。

美食廣場及各式美食名店

其他

/高級百貨Nordstrom 和 Bloomingdale's
/AMC 戲院
/高級超市Gelson's
/實體亞馬遜書店 Amazon Books
/Tesla 展售店
/破壞式創新平價時尚眼鏡店 Warby Parker
/世紀城獨家女裝Bailey 44
/珠寶品牌Chan Luu

/精品筆記品牌Moleskine
/環保美妝保健選物店 the detox market

這裡的餐飲也絕對都是一時之選。除了鎮店之寶的Eataly義大利美食市集中心外（詳情請參考「美味洛杉磯」章節）。

/LA代表性精品巧克力 Compartes Chocolatier
/LA經典甜甜圈Randy's Donuts
/全美第一冷壓果汁品牌 Pressed Juicery
/精品咖啡Blue Bottle Coffee
/中式時尚飲食餐廳眉州東坡
/紐約知名漢堡Shake Shack
/精品糖果店Sugarfina
/有機蔬食餐廳 SunLife Organics
/加州披薩連鎖店 California Pizza Kitchen
/無骨雞肉三明治連鎖店 Chick-fil-A
/連鎖墨西哥美食Chipotle
/猶太美食餐廳Wexler's Deli
/85度C
/鼎泰豐

#地址 10250 Santa Monica Blvd, Los Angeles, CA 90067
#電話 310-277-3898
#開放時間 週一～四 10:00～21:00，週五、六 10:00～22:00，週日 11:00～19:00
#停留時間 2～3小時
#網址 www.westfield.com/centurycity

偌大的室外時尚購物空間

讓人買到手軟的各大時尚品牌店面

必買在地手工精品巧克力 Cimpartes，店面也同樣精緻充滿設計感

特別推薦
Compartes Chocolatier

Compartes 號稱 LA 最時尚的巧克力，成立於 1950 年，粉絲包含超嗜甜的貓王、性感女神瑪麗蓮‧夢露、對英國影響深遠的政治領袖邱吉爾，以及知名主持人歐普拉等。

Compartes 的 LA 旗艦店面由創辦人的兒子，有巧克力天才之稱的 Jonathan Grahm 接手，重新塑造品牌形象，聘請世界知名的室內設計師 Kelly Wearstler 重新打造。店面整體裝潢風格融合了經典與現代兩種元素，打造出精緻復古的綠金裝潢。

Grahm 的創意也體現在包裝設計及口味創新，除了經典的加州、LA 風口味如 California Love 和 California Dreaming 等，近來 Compartes 也推出聯名系列，如與 Alfred Coffee 合作的 Dark Chocolate Alfred Coffee

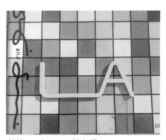

必拍 LA Original 打卡牆

Signature Blend、與 Alfred Tea 合作的 Matcha Green Tea White Chocolate & Pink Glitter、與 Beverly Hills Hotel 合作的 Deep Milk Chocolate，甚至是與 Salt & Straw 合作的 Milk Chocolate Pecan Love Nuts & Coffee。不怕挑戰的人，這裡還有些特別口味像是羽衣甘藍、酪梨吐司及水果吧等。

Compartes 所有的巧克力都是由小型專業巧克力藝術家，每天手工製作完成。食材取自 LA 當地的農夫市場，在他們位於洛杉磯 Brentwood 的廚房及店面製作完成。

南海岸購物中心 South Coast Plaza
西岸最大的奢華購物天堂

位於橘郡／橙縣的南海岸購物中心是美國西岸最大、全美第三大購物中心，占地280萬平方英呎，其腹地之大，甚至需要架設行人天橋(Bridge of Garden)做連結。

南海岸購物中心每年有2,400萬遊客造訪，擁有275家時尚零售店面，一年有超過$1.5億的總銷售額。無論奢華精品或平價連鎖時尚，這裡應有盡有，說它是購物天堂一點都不誇張。

這裡精品匯集，甚至比比佛利山莊的名店街還更齊全，逛一趟可以買盡所有精品。除了高級百貨公司Saks Fifth Avenue、Nordstrom和Bloomingdale's外，還有一些特殊店面，包含Golden Goose Deluxe Brand、設計師品牌選物店Intermix、潮男最

愛Porche Design，和時尚瑜伽品牌lululemon。

此外，購物中心的另一項特色是其後現代風倒三角錐型的吊燈，和義大利象牙白大理石地磚，大大地凸顯了購物中心的奢華感。

讓你逛到腿軟、還可遛小孩的好地方

跨兩大購物商場，由行人天橋連接著

想一次買到所有精品、平價連鎖品牌，來這就對了！

#地址　3333 Bristol St, Costa Mesa, CA 92626
#電話　323-651-2030
#開放時間　平日10:00～21:00，週六10:00～20:00，週日11:00～18:30
#停留時間　2～3小時
#網址
www.southcoastplaza.com

──────── 內行人小祕密 ────────

The Lab Anti-Mall

在離南海岸購物中心不遠處有個The Lab Anti-Mall購物園區，與南海岸購物中心的精品消費大大相反，諷刺意味濃厚，多以新銳獨立設計師品牌為主，偏文青風，有興趣的人也可以去逛逛噢！
地址：2930 Bristol St, Costa Mesa, CA 92626

LA綜合生活娛樂中心
LIFESTYLE COMPLEX

隨著人們購物習慣的改變，傳統的購物中心也面臨困境，積極尋求轉型。在洛杉磯，可享受陽光、綠地、美食的室外複合式生活中心，近幾年成為人們的逛街首選。

葛洛夫購物娛樂中心 The Grove
浪漫室外生活購物廣場

#地址　189 The Grove Dr, Los Angeles, CA 90036
#電話　323-900-8080
#開放時間　週一～四 10:00～21:00，週五、六 10:00～22:00，週日 10:00～20:00
#停留時間　2小時
#網址　thegrovela.com

葛洛夫購物娛樂中心集逛街、購物和生活娛樂於一體，緊鄰農夫市場，以洛城的歷史街道、廣場和中庭作為設計靈感。此外，這裡還有仿賭城 Bellagio 酒店前的水舞噴泉，每隔一小時上演水舞秀，替園內增添不少浪漫氣氛，而噴泉對面的 Pacific Theatres 劇院復古又浪漫，也成為情侶們最熱門的約會地點之一。

說到浪漫，入夜後，葛洛夫的所有店面及樹上都打亮了燈，光彩奪目。每年聖誕時節這裡更是浪漫到極致。高達 110 英呎的聖誕樹、空中的聖誕老人和麋鹿、夜間緩緩飄落的人造雪，再搭配上巨大的聖誕老人薑餅屋，讓人徹底感受聖誕節 Winter Wonderland 的溫馨氣氛。

The Grove 越夜越美麗

葛洛夫購物娛樂中心的地標、噴水池和戲院

內行人小祕密

Barnes & Noble

除了許多好萊塢明星喜愛來這逛街，或在書店「Barnes & Noble」辦簽書會外，美國電視節目《Extra》和《Dancing with the Stars》也都在此錄影。地址：189 The Grove Dr Suite K 30, Los Angeles, CA 90036

農夫市集

農夫市集是個綜合市集，聚集了超過100家由在地農夫、各國移民所設立的攤子，包含美食、雜貨和水果農產品，是洛杉磯的歷史地標也是觀光勝地。與美國一般的農夫市場只在週日營業不同，這裡一週7天都開放。

亞美利堅購物娛樂中心 The Americana at Brand

好逛又好拍的時尚生活中心

繼葛洛夫購物中心的成功，其所屬的Caruso集團決定於格蘭岱爾市（Glendale）再蓋一座同類型的生活中心，名為亞美利堅購物娛樂中心。這間走現代工業風的生活中心於2008年開幕，如同葛洛夫的放大版，有水舞噴泉、遊園電車及82家店面，集購物、美食、電影娛樂和自用住宅於一體。

這裡入駐的品牌大多與葛洛夫購物中心大同小異，不過H&M和Forever 21空間超大，包你逛得過癮！

此外，這裡也引進不少國外知名品牌，更增添不少洛城在地美食，特別推薦以下店家。

╱美食壽司Katsuya

╱來自LA在地的台灣波霸奶茶Honeyboba

╱法國馬卡龍Laduree

╱農場直送的健康美食Le Pain Quotidien

╱冷壓果汁Pressed Juicery

╱比佛利知名杯子蛋糕Sprinkles

╱平價健康連鎖蔬食Lemonade

╱精品咖啡店The Pie Hole

╱喬納森・戈爾德（Jonathan Gold）評為LA最好吃拉麵店Tsujita

購物中心的周邊及其對街也擁有眾多知名特色餐廳，如洛杉磯創意蛋堡EGGSLUT、來自舊金山的精品創意咖啡Philz Coffee、有著紐約最好吃漢堡之稱的Shake Shack，和台灣名店鼎泰豐等。

代表與紀念美國精神的金箔雕像

#地址 889 Americana Way, Glendale, CA 91210
#電話 818-637-8982
#開放時間 週一～四 10:00～21:00，週五、六 10:00～22:00，週日 11:00～20:00
#停留時間 2～3小時
#網址 americanaatbrand.com

水舞噴泉是亮點，尤其吸引小朋友們

── 內行人小祕密 ──

金箔金葉雕像

中心廣場水池中的金箔金葉雕像，靈感來自1949年的法國雕像《Spirit of American Youth》，用來紀念二次大戰諾曼第之役中作戰的美軍，也是這裡的象徵標誌。

布倫特伍德市集
Brentwood Country Mart
▶ 容易看見明星的市集

布倫特伍德市集是個小巧的在地市集，走美式鄉村穀倉風，中間的中庭可讓民眾稍作休憩，周遭則是圍繞著商店和餐廳，更有兒童公園可讓小朋友們遊玩。女星葛妮絲・派特洛 (Gwyneth Paltrow)的生活用品店goop是這裡必逛商店。

馬里布州立購物中心
Malibu Country Mart
▶ 休閒愜意的購物天堂

馬里布州立購物中心，是位於優美濱海高級城市馬里布的大型室外生活中心，建築設計融合西班牙、地中海、現代和美式鄉村風，有著高級品牌商店、兒童公園、獨特雕塑、公眾裝置藝術、室外高級美食餐廳和野餐區，是許多好萊塢名流常出沒的地方。

如隱身在海岸山邊的精緻購物中心，既溫馨又好逛

好萊塢高地購物中心
#地址　6801 Hollywood Blvd, Los Angeles, CA 90028
#電話　323-817-0200
#開放時間　週一～六 10:00～22:00，週日 10:00～20:00
#停留時間　2小時
#網址　hollywoodandhighland.com

馬里布州立購物中心
#地址　3835 Cross Creek Rd, Malibu, CA 90265
#電話　310-456-7300
#開放時間　09:00～18:00
#停留時間　2小時
#網址
www.malibucountrymart.com

布倫特伍德市集
#地址　225 26th St, Santa Monica, CA 90402
#電話　310-458-6682
#開放時間　週一～週六 10:00～18:00，週日 11:00～18:00
#停留時間　2小時
#網址
www.brentwoodcountrymart.com

女星葛妮絲・派特洛自創的品牌及選物店goop

我最愛逛的高級選物店 Fred Segal

好萊塢高地購物中心 Hollywood & Highland
▶ 星光璀璨的購物中心

位於遊客至洛杉磯必造訪的好萊塢星光大道和Highland Ave 交接口，好萊塢高地購物中心占地38.7萬平方英呎，往南面對好萊塢大道，往北還可眺望好萊塢標誌和好萊塢山。整個購物娛樂廣場樓高三層，中庭以電影《忍無可忍》(Tyler Perry's Acrimony) 中的巴比倫場景為設計靈感，並以幾近相同尺寸複製片中的拱門和象柱，命名Babylon Court。

中心內擁有超過70家商店、25家餐廳、保齡球館 Lucky Strike Lanes、電影院和夜店，而經典地標中國戲院、奧斯卡頒獎處杜比劇院和飯店 Loews Hollywood Hotel 皆屬其中一部分。

中心的地標廣場Babylon Court

除了室外生活中心外，LA的時尚區也逐漸成為洛杉磯人的逛街首選。從歷史悠久的「日落大道」、觀光客聚集的「第三街行人徒步區」、紅極一時的「羅伯森大道」到充滿加州文青氣息的「艾伯特金尼大道」，和質感個性時尚的「梅爾羅斯莊園」各有獨特之處。

艾伯特金尼大道 Abbot Kinney Boulevard
▶ 文青最愛藝術時尚區

每個轉角都有驚奇

總是忍不住買來吃的Salt & Straw

威尼斯海灘附近最值得去的地方是「艾伯特金尼大道」，2012年GQ雜誌封其為「美國最酷的街區」。

艾伯特金尼大道以加州健康自然和文青風著名，沿著Venice Blvd到Pacific Ave這段蜿蜒一英里的大道隨處可見在地藝術小店、文具家飾店、藝廊、製片公司、時尚蔬食餐廳、酒吧、街頭塗鴉（詳情請見「美拍洛杉磯」章節）、設計師品牌時裝，和符合度假海灘風的波希米亞時尚品牌，許多特色店面在此都是絕無僅有，是洛杉磯潮男潮女的聚集區。

別出心裁的TOMS全球旗艦店

#地址　Abbot Kinney Blvd from CA Venice Blvd to Pacific Ave, 90291
#停留時間　2小時
#網址
www.abbotkinneyBlvdcom

你可以順著這排棕櫚樹逛下去

必逛特色時尚、生活潮牌

／休閒服飾品牌
　All Things Fabulous
／加州手工製洛杉磯在地休閒
　服 Aviator Nation
／洛杉磯優雅時尚瑜伽運動品
　牌 avocado
／環保休閒品牌 Alternative
／以大自然為靈感的感性時裝
　Burning Torch
／精品牛仔褲品牌
　Current/Elliott
／威尼斯海灘波希米亞風時尚
　選物店 Principessa
／以剪裁出名的紐約低調個性
　時尚 Rag & Bone

／複合式時尚及生活小物選物
　店 The Piece Collective
／慈善藤編帆布鞋 TOMS 全球
　旗艦店
／手繪街頭塗鴉 T 恤 Vardagen
／手工皮革製品
　Will Leather Goods
／來自紐約的專屬香水品味店
　Le Labo
／頂級大麻生活品牌 Med Men
／居家裝潢生活家飾店
　Tumbleweed & Dandelion
／紙製時尚文具店 Urbanic
／創新時尚平價眼鏡店
　Warby Parker
／來自北加的必逛極簡時尚品

牌 Everlane
／如漫步在雲端的舒適時尚鞋
　品牌 Allbirds

必吃、必喝餐飲

／精品咖啡 Blue Bottle Coffee
／大道上最知名的美義創意
　料理 Gjelina 和其緊臨的外
　帶餐點 GTA(Gjelina Take
　Away)
／文青精品咖啡 Intelligentsia
／有機冷壓果汁中東創意蔬食
　店 Kreation Juicery
／加州健康快速蔬食
　Lemonade
／有機健康蔬食
　Plant Food+Wine
／來自波特蘭的天然文青冰淇
　淋店 Salt & Straw
／日式抹茶專賣咖啡飲品店
　Cha Cha Matcha
／以酪梨吐司出名的時尚有
　機蔬食餐廳 The Butcher's
　Daughter
／美式酒吧 The Other Room
／義大利中東創意料理
　The Tasting Kitchen

極簡良心時尚品牌 Everlane 是這裡必逛

Allbirds 的鞋好穿得不得了，就像踩在
雲上

美麗、象徵多元的彩虹步道

來 Intelligentsia 喝杯咖啡吧！

第三街行人徒步區 Third Street Promenade
街頭表演藝術家聚集的觀光時尚街區

位於聖塔莫尼卡、充滿人潮的「第三街行人徒步區」絕對是洛杉磯最知名、最熱鬧的購物生活娛樂區之一。長達三個街區的室外行人徒步區，緊鄰聖塔莫尼卡購物中心，兩側多是商店、戲院和美食餐廳。這裡最特別的就屬街頭藝人的現場表演了。無論是跳舞、唱歌、變魔術或繪畫都吸引遊客們的目光，讓整條街充滿了活力，入夜之後繽紛色彩的燈飾，也讓街區變得璀璨動人。

屹立不搖、頗受歡迎的可麗餅店

位在蒙大拿街上的有機健康餐廳Kreation Kafe是我的最愛

夜間的蘋果閃閃發光

充滿加州悠閒、靜謐的蒙大拿街

#地址　1351 3rd Street Promenade, Santa Monica, CA 90401
#電話　2～3小時
注意事項　最近的停車場位於 Broadway 和 3rd St 交界處的 Parking Structure 7。週間前 90 分鐘停車免費，一天最高 $20。週末則前 90 分鐘免費，之後隨著時間長短會有不同的價位，一天最高 $25，詳細收費請以當日停車場的告示牌為準
#網址　bit.ly/2lumjg5

越夜越美麗的第三街

───── 內行人小祕密 ─────

蒙大拿街(Montana Avenue)
離開第三街的人潮和熙熙攘攘的遊客景點，其實在地人更愛去藏身於寧靜街區的蒙大拿街購物和用餐。特別推薦有著濃濃加州海灘風的時尚設計品牌選物店 Planet Blue、舒適休閒風的 Splendid，以及浪漫休閒風內衣 Only Hearts 等。餐廳則有有機加州中東創意蔬食 Kreation Kafe、加州新鮮創意料理市集餐廳 Marmalade Cafe、加州蔬食餐廳 Bardonna、高級歐式料理精品咖啡網美打卡餐廳 Caffe Luxxe，和洛杉磯知名手工新鮮甜點 Sweet Lady Jane 等。

Two Rodeo 經典階梯

羅迪歐大道上精品店林立、來LA必打卡的奢華代表地標

羅迪歐大道 Rodeo Drive
精品聚集的名店街

想到名流豪宅，就想到世界馳名的「羅迪歐大道」。它幾乎跟比佛利山莊畫上等號，是洛杉磯著名的精品名店街，而它最令世人印象深刻的就是電影《麻雀變鳳凰》裡茱莉亞·羅勃茲(Julia Roberts)第一次在此大採購的片段了！長達兩英里的羅迪歐人道，精華街區位於Wilshire Blvd和Little Santa Monica Blvd間，兩側座落超過100家精品店，而Chanel、Hermes、Cartier、LV和Harry Winston等富麗堂皇的美國旗

來個第凡內早餐，經典必拍

艦店皆在此，不時會有明星或造型師來購物，讓它也成為狗仔們最常聚集的地點之一。

與羅迪歐大道相連的Two Rodeo，位於傳奇性旅館Beverly Wilshire的對街，是比佛利山莊的歐式小型購物街區，有著以鵝卵石鋪成的小道、街燈和花飾。全球知名的精品品牌如Versace、Jimmy Choo、Lavin和Tiffany & Co.都位在此區，而它美麗、頗有歐式風情的街景也成為遊客們熱愛的打卡拍照點。來到這，千萬別忘了到它南邊的階梯、噴泉及北邊的「Via Rodeo」路標來張經典的比佛利山莊合照，並到街上的208 Rodeo餐廳，化身為奧黛麗·赫本(Audrey Hepburn)來個「第凡內早餐」。

各家名牌也是無所不用其極在打造旗艦店

搭配店家顏色的名車也是這裡打卡必備

好逛、好買，只擔心口袋不夠深

#地址　Rodeo Dr From Wilshire Blvd to Santa Monica Blvd, Beverly Hills, CA 90210
#停留時間　1小時
#網址　rodeodrive-bh.com

日落大道 Sunset Boulevard
體驗名流般的傳奇搖滾夜生活

橫貫洛杉磯東西向的日落大道長22英里，從太平洋海岸公路（Pacific Coast Highway, PCH）一路往東可直達洛杉磯市中心。其中最著名的一段是靠近西邊的Sunset Strip，也是眾人泛指的日落大道。

Sunset Strip位於Cresent Heights和Doheny Dr之間，是LA的搖滾時尚中心，兩側有著新潮時尚的餐廳、年輕俊男美女聚集的酒吧、歷史悠久的夜店、特色酒店、美髮沙龍店Drybar及時尚服飾店。到了夜晚，日落大道變成好萊塢高級夜生活的精華地段，暗藏許多傳奇搖滾酒吧。夜店「Whiskey a Go Go」和「The Viper Room」是好萊塢名流們最常造訪的地方。

對一般遊客來說，Sunset Strip最大的特色是它兩側種滿棕梠樹的大道，及繽紛巨型看板。此外，大道上還聚集了許多露天咖啡廳和餐廳，是LA在地人熱愛的休閒聚會場所，很適合於週末時悠閒地坐在路旁，享受餐點、咖啡和陽光。

#地址 9040 W. Sunset Blvd, West Hollywood, CA 90069
#停留時間 2～3小時
#網址 www.thesunsetstrip.com

沿路欣賞各式告示牌知道當地最新流行

棕櫚樹就是日落大道的招牌

充滿商店和路邊咖啡座美食餐廳的Sunset Plaza

電影《從前，有個好萊塢》(Once Upon a Time in Hollywood)裡的圓頂型藝術戲院 ArcLight

推薦餐廳

/ Carney's：以熱狗和漢堡著名。由兩節黃色聯合太平洋鐵路車改裝的Carney's，被享譽盛名的洛杉磯美食評論家Jonathan Gold列入他的99家LA必吃餐廳中，可見其好吃程度！

/ Saddle Ranch Chop House：德州西部牛仔風的建築和裝潢讓它在時尚新潮的好萊塢日落大道上顯得與眾不同，更曾出現在多部著名影集和電影裡，如《慾望城市》(Sex and the City)、《億萬未婚大》(The Bachelor) 和《慾望師奶》(Desperate Housewives)

等。2011年VH1台甚至還為它推出一齣實境影集，內容圍繞在餐廳店員和客人的生活。但最大噱頭還是可以讓食客們化身為牛仔的電動機器牛(mechanical bull)。過過西部癮，性感又有趣！

/ The Butcher, The Baker, The Cappuccino Maker：簡稱BBCM，美麗的室外座位搭配藍白地磚，再加上色彩繽紛又絕美的創意彩色拉花咖啡，讓BBCM從裡到外、從食物都裝潢都超吸睛，是間名符其實的網美咖啡廳！

/ Mel's Drive-In：這間歷史悠久的經典美式餐廳除了讓

人想到甜蜜的第一次約會、第一次接吻等美好回憶外，它更是以正宗美式家庭食物出名，包含漢堡、薯條及奶昔等，適合全家歡樂齊聚享用。特別的是，店內店外的裝潢擺飾皆走復古風，每張桌子都還附帶一台懷舊的點唱機，可以真的使用，讓人瞬間彷彿回到了過去！

/ The Griddle Cafe：西好萊塢著名的人氣排隊早午餐餐廳，以巨無霸鬆餅著名，時不時出現的好萊塢明星們更增添了這家小店的吸引力。

音樂和影劇迷的挖寶天堂 Amoeba Records

經典、復古感十足，也融合加州現代風的 Mel's Drive-In

內行人小祕密

Amoeba Records

由Sunset Strip往東較遠處，有著洛城著名的黑膠唱片挖寶商店「Amoeba Records」，其蒐藏、擁有的二手經典黑膠唱片、CD、錄音帶、DVD、LD之多讓人驚訝，也因而成為LA最著名的唱片行。
地址：6400 Sunset Blvd, Los Angeles, CA 90028

脫口秀俱樂部

日落大道上有許多喜劇脫口秀俱樂部，如The Laugh Factory和The Comedy Store。若你喜歡美式幽默，千萬別錯過這裡。現今許多知名的脫口秀主持人和喜劇演員當初都是從這發跡的呢！
The Laugh Factory 地址：8001 Sunset Blvd, Los Angeles, CA 90046
The Comedy Store 地址：8433 Sunset Blvd, Los Angeles, CA 90069

梅爾羅斯街 Melrose Avenue | 梅爾羅斯莊園街 Melrose Place

紅、女星聚集的時尚「it」街區

梅爾羅斯街長達22個街區，適合逛街購物和享用美食。以梅爾羅斯街為主軸，南北向由比佛利大道（Beverly Blvd）到聖莫尼卡大道（Santa Monica Blvd），東西向共分成4區，費爾法克斯（Fairfax）、奧蘭多（Orlando）、拉謝內加大道（La Cienega）分為4塊，共有超過300家店面。

Fairfax Ave 以東至 Highland Ave 區塊

梅爾羅斯街的店家以平價龐克個性風為主，掀起80年代非

#地址　Melrose Ave From La Brea Ave to La Cienega Blvd, Los Angeles, CA90069
#停留時間　2～3小時
#注意事項　Fairfax以東較多怪人，不建議晚上在這裡閒晃
#網址　www.melroseavela.com

主流的購物風潮，為南加州新浪潮和龐克文化的誕生地。除了龐克風服飾店，這裡也有黑膠唱片、二手衣交換店、刺青、理髮、復古收藏品和潮牌球鞋等各式各樣的店面。但受到景氣影響目前僅剩幾家老品牌。

週日時這裡會有Melrose Trading Post跳蚤市場，當日會湧入超過250家在地商家、收藏家、藝術家和美食餐車，很建議大家來體驗一下在地尋寶的樂趣。

百貨Nordstrom近幾年新推出的Nordstrom Local提供取貨、修改以及造型建議等量身定做的服務

Fairfax Ave 往西至 Orlando Ave 區塊

╱復古文青時尚旅館 Palihotel Melrose Ave
╱全球知名時尚電商展示間 REVOLVE
╱採用新鮮在地食材的甜點店 Sweet Lady Jane
╱英國王妃梅根喜愛的復古洋裝 Reformation
╱高級二手復古精品及訂製禮服店 Decades
╱英國品牌 Paul Smith
╱集結頂級休閒時尚設計品牌的百貨 Fred Segal

此外，這區也是洛杉磯知名的街頭塗鴉網美牆區（詳情請參考「美拍洛杉磯」章節）。

Melrose Place聚集了新興時尚品牌及許多服務

以水桶包掀起一陣潮流的Mansur Gavriel在LA的店面也走質感夢幻風

Orlando Ave至
La Cienega Blvd區塊

梅爾羅斯莊園街這區以奢華設計師品牌和當紅it潮牌概念店為主，尤以La Cienega往北的Melrose Place為精華時尚設計師區段，包含：

╱時尚造型師品牌Rachel Zoe
╱高級百貨Nordstrom的Nordstrom Local服務概念店
╱來自紐約的時尚網紅旅行裝備品牌AWAY
╱讓人少女心大發的網紅美妝保養品牌西岸概念店Glossier
╱個性瑜伽品牌Outdoor Voices
╱法國時尚設計品牌Isabel Marant
╱以極簡高品質「水桶包」一砲而紅的紐約設計品牌Mansur Gavriel
╱頂級牛仔褲品牌Frame
╱好萊塢一線明星、名媛指定髮廊Nine Zero One Salon

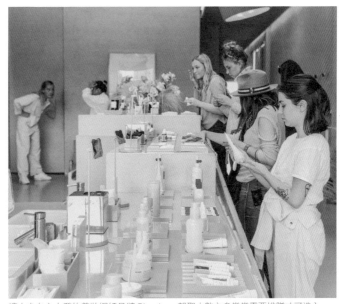

讓人少女心大發的美妝網紅品牌Glossier，朝聖人數之多常常需要排隊才可進入

La Cienega Blvd至Doheny Dr區塊

╱噱頭十足、讓人尖叫聲不斷的美式創意料理Barton G
╱時尚網美最愛創意墨西哥蔬食Gracias Madre
╱時尚網紅餐廳Catch LA

╱好萊塢明星聚集、LA第一家有機蔬食咖啡廳Urth Caffe
╱現代時尚感十足的義大利料理Cecconi's
╱來自北加的精品咖啡Verve Coffee Roasters

除了購物和美食，太平洋設計中心(Pacific Design Center)和派拉蒙影業(Paramount Pictures)也位在梅爾羅斯街上的經典地標。說它是洛杉磯最時尚、最潮流的區域絕不為過！

藏身在綠蔭叢中的Isabel Marant是這裡必逛經典品牌地標

綠蔭盎然的街區

─── 內行人小祕密 ───

洛城家具街
拉布雷亞大道(La Brea Ave)從1st St至比佛利大道路段過去有著「洛城家具街」之稱，但近年來取而代之的各式潮牌如Stussy、複合式選物店Undefeated及頂級牛仔褲天堂American Rag Cie等。時尚餐廳如Republique、The Sycamore Kitchen和Sugarfish等也在這區。

羅伯森大道 Robertson Boulevard
時尚狗仔街拍的發源地

由於名媛們如芭黎絲‧希爾頓(Paris Hilton)、琳賽‧蘿涵(Lindsay Lohan)、小甜甜布蘭妮(Britney Spears)和妮‧可瑞奇(Nicole Richie)等，都經常光顧這區的選物店Kitson，因此讓羅伯森大道化身年輕時尚的代名詞。

近年來由於線上購物的興起、房租瘋漲，大道上的特色店家和品牌店紛紛出走，已失去了往日光彩，即使週末熱門時段也僅看到三兩遊客閒逛。雖然榮景不再，但大道上總是有狗仔駐足準備搶拍在時尚早午餐餐廳The Ivy用餐的名人，這家店至今仍深受名人喜愛，可謂歷久不衰。

有空可來這裡碰碰運氣，看能不能遇到名人

不想人擠人的話，這裡有不少靜謐的角落

羅伯森大道
#地址　Robertson Blvd, Los Angeles
#停留時間　1小時
#網址
robertsonboulevard-shop.com

拉奇蒙特村
#地址　Larchmont Blvd From 3rd St to Beverly Blvd, Los Angeles, CA 90004
#停留時間　1~2小時
#網址　larchmontla.com

拉奇蒙特村 Larchmont Village
隱身於洛杉磯中心區的溫馨文青時尚小鎮

建於19世紀末期的拉奇蒙特村，以寧靜、布滿20年代建築及樹蔭的溫馨老城鎮購物街區聞名。不同於其他過度商業化的街區，小街坊內的店家們大多是歷史悠久的在地店家。無論是洛杉磯最古老仍存的獨立書店Chevalier's Books、30年代即存在的禮品店Landis' Gifts & Stationary或是精緻手藝手工帽Goorin Bros，都是道地的老店。

建議週日來這裡的農夫市集採買新鮮蔬果　和熱情的農家攤販們交流，吃個道地墨西哥Tamales，再來杯冷壓果汁，好不愜意！

Goorin Bros裡各式各樣的帽子任君挑選

折扣多又可尋寶精品的過季暢貨中心,向來是遊客們來美國逛街血拼最重要也最愛的一環,甚至有許多人已將美國購物與暢貨中心畫上等號,而洛杉磯最有名的幾家,包含全加州最大且精品品牌聚集的「棕櫚泉沙丘暢貨中心」、擁有眾多休閒品牌並位在好萊塢往西北方的卡馬里歐暢貨中心(Camarillo Premium Outlets)、亮眼城堡造型且多平價品牌的城堡暢貨中心(Citadel Outlets)和全加州唯一一家擁有Abercrombie & Fitch和Hollister的安大略購物中心(Ontario Mills)。以下介紹棕櫚泉沙丘購物中心。

棕櫚泉沙丘暢貨中心 Desert Hills Premium Outlets

▶ 全加州最大精品暢貨中心

加州最大的outlets棕櫚泉沙丘暢貨中心,屬於全美最大暢貨中心經營者Simon Property Group,擁有近170家店,有著許多其他加州暢貨中心沒有的高級精品品牌。此外,這裡也有許多頂級牛仔褲品牌如AG、Paige和rag & bone,特色美食如Five Guys漢堡店,甚至還有華人品牌日出茶太。其品牌之眾多、幅員之廣大,絕對是個可以讓你逛一整天的購物天堂!

棕櫚泉沙丘暢貨中心分為兩大區塊,分別為東村(East Village)和西村(West Village)。建議大家可將車先停在東村的室內停車樓並從東村開始逛。西村屬於較年輕休閒的品牌,而東村則以精品品牌為主。

這裡的店家資訊互動導覽做得很完整

#地址　48400 Seminole Dr, Cabazon, CA 92230-2125
#電話　951-849-5018
#開放時間　週一～週六 10:00～21:00,週日 10:00～20:00
#停留時間　3～4小時
#網址　https://reurl.cc/lL26aj

停車場就在旁邊

遠眺 Mt. San Jacinto

西村推薦品牌店面

Toms、UGG、Clarks、lululemon、J.Crew、Skechers、Off 5th 過季精品百貨、Victoria's Secret、G-Star Raw、Diesel、7 for all Mankind、Volcom、Vans 和 Last Call by Neiman Marcus 過季精品百貨等。

過了西村的美食廣場，可透過中間的廣場和步道做為串連通往東村，而東村近來又擴建了中心走廊區塊，讓更多品牌進駐。中間廣場推薦值得逛的品牌店面包含：Marni、James Perse、Sandro 和 Salvatore Ferragamo 等。

美食廣場內還有在地知名的 Five Guys 漢堡可以享用

內行人小祕密

省錢好方法

- 西村從中間正門往面對噴泉廣場的 Polo Ralph Lauren 方向走去，右側會有洗手間和服務中心，建議大家可前往服務中心購買折價券本，許多特定品牌都可額外使用折價券，一本 $5 美元，很划算，因為省下的錢絕對超過 $5 美元！
- 年長特惠：這裡有提供給 50 歲以上年長者的優惠「50 Plus Shopper Perks」。建議可挑選每週二去，只要在結帳時提供自己的 Photo ID (身分證、護照等有照片證明自己年齡的證件) 即可得到額外的 10% off。
- 特別推薦這裡的 Burberry，一件經典風衣有時會下殺到 $899，羽絨衣折扣後兩件還會再打 30% off，有時最後一件大約只要 $700，是我很愛挖寶的地方！

東村推薦品牌店面

　　東村是整個暢貨中心的精華所在，逛累了還可以去Five Guys吃漢堡或日出茶太喝飲料喔！而我特別推薦值得逛的品牌店面包含：

／精品或時尚設計師品牌：Alexander McQueen、alice + olivia、AllSaints、Armani、Balenciaga、Bottega Veneta、Burberry、Calvin Klein、Chloe、Coach、Cole Haan、Dolce & Gabbana、Fendi、Furla、Gucci、Jimmy Choo、Kate Spade、Marc Jacobs、Max Mara、Michael Kors、Montblanc、Mulberry、Paul Smith、Prada、Saint Laurent、Stuart Weitzman、Theory、Tod's、Tom Ford、Tommy Hilfiger、Tory Burch、Valentino和Versace。

／時尚運動品牌：Moncler、Nike、The North Face和Converse。

／頂級牛仔褲品牌：Paige、AG、Joe's Jeans和Rag & Bone。

／平價時尚品牌：American Eagle Outfitters、Gap、Joie和Steve Madden。

／其他：Agent Provocateur、Disney Store、La Perla、Movado、Porsche Design、Reformation、Vince 和Tumi。

我最愛的幾個品牌

超好逛、超划算的Burberry

幅員廣闊，讓你逛到腿軟

連結東西村的廣場

洛杉磯 近郊小旅行

Weekend Getaways

近郊景點
WEEKEND GETAWAYS

　　洛杉磯人其實很幸福，不用跑很遠，光是在近郊就有許多好玩的地方。每到週末或是長假，不需搭飛機只要開車，就可至鄰近地區感受各種不同風情的人文地理景觀。來到LA，不妨也安排一、二天，就近來個沙漠、花海、歐式風情小島或酒莊之旅，感受與LA截然不同的氛圍和景色。

約書亞樹國家公園 Joshua Tree National Park
奇幻沙漠之旅

　　約書亞國家公園是位於LA東邊的國家保護區，以奇異岩石、樹木、鮮明沙漠地形和奇幻落日聞名。「約書亞」取自園區內毛茸茸的「約書亞樹」。此處也是遊客們拍攝美麗星空、攀岩、露營、賞日出日落美景和野餐的熱門景點。

　　拱形岩石、隱藏谷 (Hidden Valley)、Cholla仙人掌花園、White Tank的心型石和骷髏頭狀的骷髏石，皆是園內知名景點。

國家公園就是以約書亞樹得名

在岩石上來張網美照是必須

在公園綠地野餐、打卡完勝

Welcome to Joshua Tree

#地址　74485 National Park Dr, Twentynine Palms, CA 92277
#電話　760-367-5500
#開放時間　24小時開放
#票價　每車$30，可使用7日
#交通指引　走I-10號公路，從接62號州際公路往29 Palms/Yucca Valley之出口下，再從西或北邊入口進入，一路往南開，再從南側出口離開
#停留時間　4~6小時
#注意事項　1.入園後一路都沒有收訊，至少需1.5小時才能出園區，建議大家事先規畫好路線。2. 園內共有長達191英里的登山路徑及超過300個露營地。營地每晚約$15，但園內無水、無電、無燈、無食物、無旅館、無收訊，大型露營區才有沖水馬桶，請記得自行準備水、食物、手電筒等其他各式野外露營必需品
#網址　www.nps.gov/jotr

內行人小祕密

The Natural Sisters Cafe
入園前可先在當地的有機蔬食餐廳The Natural Sisters Cafe用餐，享用最知名的酪梨藜麥漢堡搭配一杯新鮮果汁，好清爽！地址：61695 29 Palms Hwy, Ste B, Joshua Tree, CA 92252。電話：(760) 366-3600。營業時間：07:00～19:00

羚羊谷加州罌粟州立自然保護區
Antelope Valley California Poppy State Natural Reserve

迷幻花海之旅

#地址　15101 Lancaster Road, Lancaster, CA 93536
#電話　661-724-1180
#開放時間　日出至日落
#票價　每車收費 $10
#交通指引　由5號公路往北，轉接14號公路，往Palmdale、Lancaster方向開，車程約1.5小時後由 W. Avenue I 下，沿著路往西邊再開15英里，即達目的地
#停留時間　2小時
#注意事項　禁止踩踏野花
#網址　www.parks.ca.gov/?page_id=627

加州罌粟花是加州州花，鮮豔的橘紅色花瓣在盛放時，看上去彷彿一整片燃燒的山野。位在洛杉磯北邊70英里的蘭卡斯特羚羊谷加州罌粟保留區，罌粟花每年春天都會在這盛開，但為了保留自然景觀，公園並不會以人工澆水，所以罌粟花盛開的程度，與當年的雨水量息息相關。

抵達保留區前，旅客沿路就會看到紅色罌粟花田。於保留區停好車後，即能走在園內8英里的步道上，享受美景。在特別提醒大家，罌粟花非常脆弱，園內對於花卉的保護非常嚴格，千萬要走在步道內，絕不能走進花田裡，採野花的行為也絕對禁止。

換個拍攝角度，更能拍出花兒平時看不見的一面。陽光出來後，顏色更加生動

滿山滿谷的罌粟花海，像是火焰山一樣，十分美麗

彩色的山坡，更是讓人心曠神怡

── 內行人小祕密 ──

賞花好時機

罌粟花通常會在中午開得最盛，傍晚或者天涼時，花苞會合起來，所以建議大家不要太晚來。中午來時，園內步道雖然有椅子可供休息，但沒有任何遮陽處，且春天風大，要注意防曬、防風，也要帶好足夠的水。花田盛開的狀況都不同，也建議出發前，先上網站上查詢開花狀況。若週末前往，車潮眾多，停車場往往一位難求，建議多人共乘前往。

聖塔卡特琳娜島 Santa Catalina Island
世外桃源之旅

聖塔卡特琳娜島是一個由礁石組成的長型小島度假區，屬峽島國家公園一部分，原由美國印第安原住民所開拓，後被西班牙及墨西哥占據，之後又輾轉歸回美國手中。

對於居住在LA的人來說，聖塔卡特琳娜島是個距離近、搭船方便又極具歐式風情，只需開車抵達San Pedro或Long Beach的Downtown Landing後，買張Catalina Express船票，即可搭船出海前往小島。

在島上唯一的城市Avalon裡，經典地標Catalina Casino於1929年開幕，雖名為Casino，但其實它並不是賭場，而是擁有劇院和世上最大圓形舞廳的裝飾藝術風傑作。

除了漫步在城鎮小街上外，遊客們通常會租借高爾夫球車環島一圈，喜歡海卜活動的人也可以去游泳、浮潛、搭乘玻璃船或是玩海上拖曳傘。玩累、走累了，來到岸邊的Bluewater Avalon餐廳，喝個小酒，吃點小點輕鬆欣賞美景，十分惬意！

搭一個小時的船就像到了地中海小島

沿途可欣賞航行於海上的船隻

停滿了船隻的港口

獨具異國風味的小鎮風情

租台高爾夫球車就可以輕鬆逛完全島

歡迎來到Catalina

從島上至高點俯瞰全島美景

#地址　長堤市購票搭船地址320 Golden Shore, Long Beach, CA
#電話　長堤市購票電話310-510-4205
#開放時間　全日開放，但最早一班船為06:15啟航，最晚一班為19:55
#票價　從San Pedro或Long Beach啟航的船票：成人(12〜54歲)來回票為$74.5，年長者(55歲以上)來回票為$67.5，兒童(2〜11歲)來回票為$59
#交通指引　搭乘Catalina Express船前往卡特琳娜島只需約1小時的航程
#停留時間　4〜6小時
#注意事項　無論哪個季節前往Catalina Island海風都很強烈，建議一定要帶件厚外套！
#網址
www.visitcatalinaisland.com

尋找新方向經典場景巡禮

2004年榮獲奧斯卡和金球獎雙料獎項的美國獨立電影《尋找新方向》(Sideways)，敘述兩位中年男子 Miles 和好友 Jack，在品酒旅途中所發生的一系列關於愛情和友情的故事。這部以酒為中心的小品選擇了兩處拍攝，分別位於洛杉磯北方近郊、鄰近聖塔芭芭拉的丹麥村 (Solvang) 和聖塔伊涅茲谷地 (Santa Ynez Valley) 兩者皆以生產 Chardonnay 和 Pinot Noir 葡萄品種著名。

建議大家可依照以下推薦的電影場景，親身來場視覺、味覺、心靈兼具的葡萄酒公路之旅！

#Google Map: goo.gl/maps/E8ERK8sK6DpNuHPF6
#所需時間 交通來回為4個多小時，需花一整天的時間來完成旅程

酒莊 Kalyra Winery

📍地址　343 N. Refugio Rd, Santa Ynez

片中男主角們於此巧遇在 Kalyra Winery 工作的女伺酒師 Stephanie。品酒費為 $15 美元，若購買兩瓶酒則可享受一人免費品酒。特別推薦這裡的甜點酒，讓人十分驚豔，他們販售的 Late Harvest Grenache Blanc 和 2017 Chardonnay Ize T Sticky Wicket 更是甜而不膩，推薦各位品嘗看看。

酒莊雖然不大，但溫暖的燈光，寬廣的視野，別有一份自在感

清澈的白酒，門外光線一照，看起來格外可口

來杯甜點酒吧！

在酒莊長廊品酒，好不愜意

餐廳 Los Olivos Wine & Merchant

📍地址　2879 Grand Avenue, Los Olivos

就當男女主角4人於此進行第一次雙情侶約會時，男主角之一的Miles卻發了狂似地打電話給前妻，破壞了這頓浪漫晚餐。這家夜晚點滿了樹燈浪漫溫馨、精緻的餐廳很適合情侶前來，讓人彷彿置身歐洲。

有如花藝店的餐廳外觀

菜色不在話下，也會隨季節更換

高級卻也氣氛溫馨的餐廳

餐廳設計極有味道，紅白酒選擇也琳瑯滿目

酒莊 Fess Parker Winery

📍地址　6200 Foxen Canyon Road, Los Olivos. Fess Parker

相對於Kalyra的小而溫馨，Fess Parker酒莊顯得寬廣且美麗，氣氛浪漫十足，景色也很迷人。但這座酒莊的酒我並不特別推薦。在劇中，酒莊被改名為Frass Canyon，而Miles於此得知他的小說被出版社拒絕，還憤而試圖怒灌吐酒桶。

Miles大鬧的品酒區

寬廣的草地，以及Miles與出版社通話的走廊

── 內行人小祕密 ──

麥可‧傑克森的夢幻莊園
叱詫歌壇的傳奇流行巨星麥可‧傑克森(Michael Jackson)生前所居住的私人遊樂園夢幻莊園(Neverland Ranch)即位於不遠處，但不對外開放。地址：5225 Figueroa Mountain Road, Los Olivos

酒莊 Firestone Vineyard

♀地址 5000 Zaca Station Road, Los Olivos

Firestone 酒莊正是男女主角
4 人偷溜出無聊品酒講座、轉
到酒窖浪漫漫步、享受羅曼蒂
克一刻的場景。來到這裡，千
萬別忘了每日於11:15或13:15
可以參加酒窖之旅，親身體驗
製酒過程，每人 $25 美元。

清幽的門口與前院

酒窖內部導覽

美麗的夕陽讓葡萄園看起來秋意濃濃

餐廳 Solvang Restaurant

♀地址 1672 Copenhagen Dr, Solvang

片中，兩位主角 Miles 和 Jack
因對感情觀意見不同，在此用
餐時因而起了爭執。現實生活
中，Solvang Restaurant 有如其
名，位於丹麥村，是這的經典
丹麥美式餐廳，以丹麥傳統「甜
點鬆餅球」搭配覆盆子醬及冰
淇淋而聲名遠播。

喜愛此劇的人若來這間餐廳
朝聖，還會看到餐廳貼心地為
劇中兩位男主角享用早餐的座
位做了特別標示，讓影迷可重
溫片中經典場景！

門口永遠大排長龍，店內其實不大

絕對不能錯過的鬆餅球

拍片地點的紀念牌

餐廳 Hitching Post II

📍地址　406 East Highway 246, Buellton

晚上人潮絡繹不絕

Hitching Post 及 AJ Spurs 是片中最知名的兩家餐廳。男主角 Miles 和 Jack 兩人在晚餐時於此與身為餐廳服務人員的女主角 Maya 聊天，之後 Miles 又單獨前來。

Hitching Post II 以中加州獨特的傳統經典 Santa Maria BBQ 木炭烤肉排、各式各樣的在地食材，及得獎無數的酒而著名，總是大排長龍。建議大家於非用餐時間前來。

雖然只有晚上營業，總是賓客如雲

曾在片中出現的餐廳招牌

旅店 Sideways Inn

📍地址　114 East Highway 246, Buellton

巨大的標示讓人絕對不會錯過

前身為 Days Inn 的風車旅店，是片中兩位男主角品酒旅程途中途經 Buellton 時的夜宿地點。由於此片所引起的風潮，這間汽車旅館經過品牌重塑，如今改名為 Sideways Inn，甚至還有 Sideways Lounge 酒吧呢！

歡迎來到 Sideways Inn

代表性的風車，是旅館的招牌

洛杉磯行前須知

在地人眼中的洛杉磯，其實與傳統旅行社所推廣的洛杉磯行程相差懸殊，但大多數亞洲遊客因對於美國開車自駕遊帶有顧慮，也因此錯過了許多真正好玩、能夠享受在地生活的機會。

以下針對國人遊洛杉磯會遇到的問題和基本須知做深入介紹，讓大家能更自在、輕鬆地暢遊這個集山景、海景、樂園、娛樂產業、市區和郊區於一身的世界一級城市，體驗不同面向的洛杉磯。

時區

跟台灣時差16小時。每年3月第二個週日02:00～11月第一個週日02:00是夏令節約時間，比台灣慢15小時。

如何打國際電話

美國國碼+1，後加區碼和電話號碼，常用電話區碼請見本頁表格。

洛杉磯層層交錯的車流

洛杉磯常用電話區碼

區碼	代表地區
213	市中心地區及南區
310	濱海城市、比佛利、西好萊塢及其他西邊區域
323	洛杉磯中心區域、好萊塢
626	洛杉磯河以東華人區，如Alhambra、San Gabriel、Arcadia、Pasadena等聖蓋博谷區域
909	洛杉磯東南方華人區，如Diamond Bar、Ontario、Pomona、Chino

--- 內行人小祕密 ---

建議先行購買SIM卡

洛杉磯大多數觀光區或星巴克等連鎖咖啡廳皆有免費無線Wi-Fi，但還是建議大家先行購買帶有4G/LTE上網資費方案的預付SIM卡，無論是AT&T或T-Mobile皆可，依個人所需天數及需求選購，到了當地即可直接換卡使用。

SIM卡購買網址：www.kkday.com/zh-tw/product/8217?cid=7243

氣候

洛杉磯早晚溫差大。四季氣溫請見下表。

消費支付

加州大多數店家使用信用卡或行動支付（如 Apple Pay），許多店家甚至不收現金，但華人區店家普遍只收現金。

治安

入夜之後的洛杉磯彷彿轉換成另一個世界，從白日的都會區，搖身一變成為暗黑、空曠、危機四伏的區域。這絕非危言聳聽，其中尤其以市中心流民區和中心往南的幫派聚集區域最為駭人，搶劫、槍戰時常上演。

建議遊客們在洛杉磯旅行時，入夜後不要在危險區域行走，而且車內顯眼處千萬不要留有任何物品，避免吸引盜賊打破車窗偷竊。此外，一上車後切記立刻鎖上車門，降低任何發生危險的機會。需提防的活動區域請見下表。

文青區就在山邊

廣闊的洛杉磯

洛杉磯四季氣候

季節	月分	攝氏均溫（°C）
春	3～5月	9～20
夏	6～9月	18～32
秋	10～11月	11～23
冬	12～2月	7～17

洛杉磯治安簡介

危險性	區域	建議
極度危險	市中心（流浪漢街Skid Row）、市中心以南區域（康普頓(Compton)、英格爾伍德(Inglewood)），這裡多為流浪漢和幫派聚集區	千萬不要前往。流民若向你要錢，而你不願給付，很難預測流民會有什麼激進的行為。此外，在這開槍、搶劫是家常便飯。若穿著錯誤的衣服顏色誤闖幫派區，更有可能被槍擊！
較危險區域	市中心：時尚區(Fashion District)、零售區(Wholesale District)、市中心、中國城及市中心往南的中部及東部區域：克雷蕭大道(Crenshaw)、南加大(USC)附近、West Adams、Watts、Pico-Union、South Central、Westlake、Boyle Heights	盡量不要接近。入夜後更不要前往，常有搶劫、揍人事件發生，墨西哥與非裔幫派在過了23:00後常有毒品交易
入夜後需提高警覺	市中心、好萊塢、威尼斯、聖塔莫尼卡	別遊晃到觀光區之外。入夜之後，威尼斯區瞬間變成安非他命的交易場所，市中心和好萊塢則常有非法色情行業交易
較安全區域	梅爾羅斯莊園街區(Melrose Place)、帕洛斯弗迪斯(Palos Verdes)、世紀城(Century City)、太平洋帕利塞德(Palisades)、布倫特伍德(Brentwood)	屬於洛杉磯的治安較佳區，犯罪率低，較安全，頂多有偷竊發生

簽證

國人只要持有效期6個月以上的台灣晶片護照，出發72小時前到「美國國土安全部」ESTA網站 (esta.cbp.dhs.gov/esta) 線上申請簽證，並繳納費用 $14美元，即可獲得簽證。

ESTA規定，每次入境時間不得超過90天，有效期兩年。效期內可無限次前往美國觀光或洽公。若申請被拒或因任何原因需停留超過90天者，請前往美國在台協會AIT (www.ait.org.tw) 辦理。

小費

在美國，只要有人員為你服務都需支付小費，金額請見下表。

消費稅

洛杉磯郡內大多約9.50～10.25%，橘郡則約7.75%左右。美國與歐洲不同，沒有退稅服務。

洛杉磯景點一卡通 (Go Los Angeles Card)

洛杉磯景點一卡通精選洛杉磯37個知名景點、博物館和套裝行程，能省去高達55%的遊樂園門票。 請注意 購買三日以上的票才含環球影城門票，但不包含園內的快速通關票喔！購買資訊請見網站。

網址：bit.ly/2UT7wxr

美國小費金額表

事項	小費比例	備註
餐廳	• 早餐、中餐：總金額的15～20% • 晚餐：總金額的20～25%	• 付費時可以湊成整數，如 $25 或 $25.50 • 通常愈往西邊的高級區域，小費比例愈高，早中餐約18%，晚餐則為22%。（東邊的華人區餐廳則為中餐10～12%，晚餐12～15%）。自助式每人每桌 $1～2 • 外帶通常無需小費
酒吧	$1／杯	
旅館搬運行李或其他服務人員	$1～2／次	
美髮、護膚、按摩沙龍	總金額的15～20%	

＊若店家有公定小費，請以店家公告費用為準

＊＊＊＊ 內行人小祕密 ＊＊＊＊

全球入境計畫 (Global Entry)

台灣護照持有人可線上申請全球入境計畫 (ttp.cbp.dhs.gov) 並繳交美金 $100，通過後可於機場使用「全球入境自動查驗機」快速通關入境。通常申請後還需等待3～4個月才可得知是否被初步核准，核准後亦需依TTP的指示預約面談時間。詳情請見：www.ait.org.tw/zhtw。

洛杉磯在地情報

想知道更多洛杉磯在地最新消息，可參考以下網站。
• 洛杉磯旅遊局官網：www.discoverlosangeles.com
• 洛杉磯在地華人媒體：wacowla.com

旅行實用 APP

【 】

住宿
Airbnb
Hilton
Marriott
Bonvoy
spg

路邊停車
ParkMobile
Parker
ParkMe

SpotAngels
SpotHero

汽車共乘
Uber
Lyft

**加油站地址
及油價**
GasBuddy

**餐廳搜尋評鑑
及預約**
Yelp

8:49

洛杉磯交通全攻略

一般泛指的LA光是洛杉磯郡就相當於台灣全島面積的三分之一，來往各地間的交通就成了自助旅的最大挑戰，也是亞洲遊客面臨的最大問題。

「LA很大很大，沒有車等於沒有腳！」洛杉磯幅員廣大且景點四散，出了市中心後，大眾運輸工具的行駛班次不多，到達地點也有限，這種情況下自駕是最佳選擇，但也免不了塞車──洛杉磯生活中最真實、最讓人想咒罵一番的情況。雖然有些辛苦，但若你想真正體驗這個城市，還是租輛車，四處趴趴走，才能感受LA豐富多元的人、事、物。

時時刻刻都在塞車的洛杉磯

洛杉磯大眾交通

捷運與公車

若你想要搭乘大眾運輸工具，可以選擇洛杉磯的捷運和公車系統。兩者皆以洛杉磯市中心為中心發散開來。

Metro網站貼心提供了Trip Planner (www.metro.net/riding/trip-planner)，只要輸入起始點與終點，網站即可自動幫你排出路線、預計時間及交通工具。Google Maps、Apple Maps也都是很好的導航使用工具。捷運系統詳細路線及班表請參考官網。

網址：www.metro.net

DASH與 Big Blue Bus

若大部分時間在洛杉磯市中心附近區域行動，也可選擇搭乘短程公車DASH，路線可參考官網。網址：www.ladottransit.com/dash

若在聖塔莫尼卡區活動，則可搭乘Big Blue Bus。詳情參考官網。網址：www.bigbluebus.com

為了便利居民和遊客，Metro開通了幾條新的路線和站點，鼓勵民眾多搭乘

對於不會自駕的人來說，公車也是另一個選擇

洛杉磯自駕

洛杉磯人至城市工作，回郊區生活的方式，與國人熟知的都會生活很不同。在這裡，沒有車等於沒有腳，若只靠大眾運輸，不僅不方便，還要花上許多時間才能抵達目的地，因此旅遊LA建議租車自駕會較方便。

高速公路系統

LA的高速公路是全美範圍最廣的公路系統。建議大家即便使用導航，也建議於出發前，事先研究地圖以及路線。以下是幾個重要的洛杉磯公路系統小知識。

　高速公路編碼：通常雙號為東西向，單號為南北向。

　I代表州際公路：州際公路貫穿全美，全程高架，是美國最快公路系統，以「I-數字/方向」的方式表示，如

I-10 E即為往東的10號州際公路。

　US代表國道：國道以「US-數字/方向」的方式表示，如US-101 S為往南的101號國道。

　SR、CA代表州道：州道以「SR 數字」或「州名縮寫-數字/方向」的方式表示，如SR 110或CA-1 N。

　四層交流道(Four Level Interchange)：四層交流道

出發前請先研究好路線，以免措手不及開錯公路

又稱「Bill Keene Memorial Interchange」或「The Stack」，指I-110與US 101於洛杉磯市中心交會的上下共4層的交流道。這是全球第一座環狀交流道，匯集從南灣、好萊塢、帕薩迪納市和聖塔安納共 4區的高速公路，也是洛杉磯最危險、最塞車的路段。由四面八方共32條車道交會一處的壯觀景象，讓外地遊客充分感受LA特殊的城市景觀。

　東洛杉磯交流道(East L.A. Interchange)：東洛杉磯交流道又稱「聖伯納迪諾分叉」(San Bernadino Split)，包含5、10、101和60等多條高速公路的交匯處。

　好萊塢交叉(Hollywood Split)：好萊塢交叉指的是101、134、170這三條高速公路，於北好萊塢的交匯處。

加州主要高速公路

公路	方向	方向、特色	別稱
州際公路 (Interstate Highways)			
I–10	東西向	連結洛杉磯東西區，往東跨越加州、經過德州、路易斯安那州，最後抵達佛羅里達	在洛杉磯的區段又名Santa Monica Freeway或San Bernardino Freeway
I–110	南北向	• 美國西部第一條高速公路 • 往北至Pasadena後變為SR 110 (State Route 110)	Harbor Freeway
I–5	南北向	• 沿著太平洋岸、串連加拿大和墨西哥 • 沿路跨越加州、奧勒岡州和華盛頓州 • 與多條公路相接：101、134、2、110、60、10、710、605、91、57	the Golden State Freeway或Santa Ana Freeway
I–405	南北向	• 算是5號的分流，與101交錯 • 通過大洛杉磯的南、西邊區域	San Diego Freeway
I–105	東西向	• 位於I–10南方 • 來回LAX機場的重要幹道	Glenn Anderson Freeway或Century Freeway
美國國道 (United States Highway)			
US–101	南北向	• 來往好萊塢必經幹道 • 連結洛杉磯、加州中部海岸、舊金山灣區和加州北部海岸 • 加州最長高速公路，跨加州、奧勒岡州和華盛頓州	Hollywood Freeway或Ventura Freeway
加州公路 (State Routes in California)			
CA/SR 1	南北向	沿著加州太平洋海岸所建築的州道，是加州最長的州道	Pacific Coast Highway (PCH)
CA–60	東西向	從市中心往東起跟I–10平行，可視為其分流	Pomona Freeway

LA錯綜複雜的高速公路

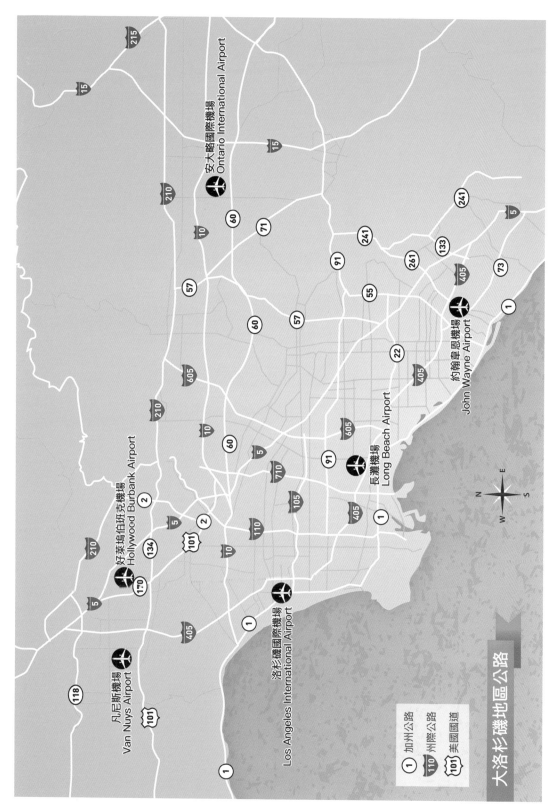

安大略國際機場
Ontario International Airport

約翰韋恩機場
John Wayne Airport

長灘機場
Long Beach Airport

好萊塢伯班克機場
Hollywood Burbank Airport

凡尼斯機場
Van Nuys Airport

洛杉磯國際機場
Los Angeles International Airport

加州公路
州際公路
美國國道

大洛杉磯地區公路

洛杉磯交通號誌

以下介紹美國常見的交通號誌，更多關於交通標誌的詳細介紹，可上維基百科，輸入「美國交通號誌」查詢更多資訊。

/停車（Stop Sign）：在美國開車最重要也最需注意的交通標誌之一。在美國，看到「Stop」時車子需「完全」靜止，靜待三秒再行駛。若在十字路口遇到四向停止標誌（4-Way Stop Sign），則表示四向車輛都須停止再依序行駛。請注意 闖Stop Sign屬於交通違規，若遇Stop Sign沒有完全停止，將罰鍰$270美元！

/紅燈右轉（Turn Right on Red）：美國紅燈通常可以右轉，除非有特別標示「No Turn on Red」則禁止紅燈右轉。請注意 紅燈右轉時需先暫停在斑馬線後方，確定無行人通過，且對向車道無左轉車才可緩緩前行，過斑馬線後再度確認無來車和行人之後才可右轉。

/速限（Speed Limit）：若無

看到Stop Sign一定要完全停止

各式各樣的交通標誌

過紅綠燈也記得看清楚標示

好萊塢大道路牌

特別標示，一般街道巷弄限制為25英里，高速公路則為65英里。若超速被開單，除基本費外，還將以超過限速的倍數加乘計算，再外加其他各種費用，最後可能高達$200～500美元。

/共乘車道（Car Pool）：又稱「高承載車道」（High-Occupancy Vehicle），簡稱「HOV」，用來管制並鼓勵多人汽車共乘，以減輕加州的塞車狀況和增進車流流暢。通常HOV位於最內側車道，需含二或三位以上乘客（含駕駛者，但實際數目依不同路段而可能不同），多以雙黃線和實白線做區隔，不可

隨意進出，需看見白色虛線時才可進出車道。

/快速通道和電子收費器：洛杉磯政府為了改善塞車狀況，於2012年在特定熱門路段增設「快速通道」（Express Lane），也稱「高承載收費通道」（High Occupancy Toll），簡稱「HOT」，是付費可單人行駛的HOV高承載車道，如同台灣的ETC。原本只有車內安裝電子收費器（FasTrak）的車輛可行駛，但2019年開始試實施無安裝也可行駛，只需在收到帳單後繳交費用並額外支付$4美元的手續費即可。

洛杉磯交通規則

在美國開車其實並不是太難，與台灣同屬左駕、行駛右車道，交通規則也大致相同，僅有幾點與台灣較不一樣。

/ **酒駕(DUI)**：在加州酒駕屬於刑事罪，一旦定罪，酒駕者將可能被撤銷留學生簽證、影響綠卡申請；若是遊客，將來可能被拒絕入境美國。

/ **行人優先(Yield to Pedestrian)**：「行人優先、行人最大」是美國最基本、最重要的交通準則，無論什麼狀況，車子都要禮讓行人；在路口遇到行人時，不僅不可亂按喇叭，更一定要等到「所有」路人已經安全通過斑馬線，車子才可繼續行駛。

/ **請攜帶駕照**：外籍遊客請隨身攜帶有效美國或國際駕照。

/ **開車請勿使用手機**：開車時使用手機時需使用免持聽筒，未滿18歲之駕駛人在行車時禁止使用任何電子設備。

/ **行經學區減速慢行**：行經學校區域時需特別小心、減速慢行，若遇校車或引導孩童安全的交通隊時，需停下等待所有孩童順利通行後才可移動。

考考大家數學、邏輯能力的路邊停車標示

/ **不輕易按喇叭**：若非絕對必要，不可因想超車或開快車而按喇叭。

/ **兒童乘車注意事項**：12歲及其以下兒童需坐後座，而4歲以下嬰幼兒也需使用嬰幼兒安全座椅或特殊裝置。

/ **禮讓緊急車輛**：聽到救護車、消防車或警車的警鈴時，請往最右車道移動並靠路邊停車，待警車、消防車或救護車通過才行駛，沒有禮讓警急車輛通過也會被罰鍰喔！

/ **遇到警察攔檢時(Being Pulled Over)**：開車時若聽到警車尾隨在後，閃燈、鳴笛並廣播示意停車，請以最安全的方式切換車道並靠路邊停下。切記此時不可擅自下車！等警察前來，雙手緊握方向盤並面帶微笑，聽從警察指令，

以小動作拿取身分證件(如護照、駕照)和保險證明、租車證明等相關證件，以免被誤解有其他犯罪行為。

確認違規事項，檢查無誤後簽字，並聽從員警指示離開。收到罰單後，需盡快繳清，否則違規紀錄將永遠存在，未來再入境過海關時電腦會顯示，可能帶來無限麻煩，甚至無法入境！

/ **尖峰時段(Rush Hour)**：遇到尖峰時段時，洛杉磯的高速公路塞車可塞到完全不動。建議大家避免在週間上下班時間和中午時段，如上午05:00～10:00，中午11:30～13:30，和下午及晚間15:00～19:30行駛於高速公路。此外，5、10、101、405號公路都是洛杉磯塞車最嚴重的幾條公路，建議在尖峰時段避開行駛這幾條公路。週末時，夜間進出市中心和好萊塢夜店的車流也會造成擁塞，建議在這段時間避開10、101、110這幾條公路。

路邊停車

在洛杉磯自駕一定會遇到的兩大重點問題：塞車和路邊停車(Street Parking)。除了複雜的高速公路系統外，最讓大家苦惱的是LA如密碼般、考驗邏輯的路邊停車標示。

街道不同側、不同路段，會有各種不同的停車時間限制標示，有時甚至多達4和5個以上。這奇妙的現象也成了洛杉磯大家心知肚明卻沒說出的觀光奇景，而由於此現象過度誇張，洛杉磯市現在設計了新的停車標示，以圖示方式幫助大家理解，不過還並非所有地方都實施，所以大家停車時還是看清楚標示！

此外的街道兩側，只要沒有畫紅線、或寫「拖吊」(Tow-Away)、「卸載貨區」(Loading Zone)通常都可停車，但消防栓前後、車道出入口也都絕對不可停車喔！

路邊計費停車格

洛杉磯每區域會有不同的停車付費方式，通常一次最多可停兩小時，時間到了需移位子，再重新付費。停車格計時收費器(Meter)的顏色：綠色提示燈表示已付費；紅色提示燈則表示已超時，需再付費。過去若要使用皆需自備零錢，現今大多都可直接刷卡，方便許多。

若需要停超過兩小時以上，又無法來移車，那就會被開單囉！（因此停車前一定要確認最長可停留時間！）

路邊計費停車格須知

1. **設定鬧鐘**：建議大家設定好手機鬧鐘，於收費器截止前5分鐘提醒，以免因忘了時間或趕不回去而被開單。通常在設定停車時間、時會選擇較長的時間，寧可多付一些，也比被開單好得多。
2. **利用APP找停車位**：LA由於車輛眾多，時常一位難求，建議大家可以下載APP方便搜尋車位，如Parker、ParkMe、SpotAngels、SpotHero等。
3. **重大國定假日免費路邊停車**：若非有特別標示「節日執法」(Holiday Enforcement)，所有路邊停車在遇到重大國定假日（詳情請參考「洛城風情」之「洛杉磯重大節慶」篇章）時皆可免費停車。

掃街

洛杉磯每條街道每週都有固定的清掃時間，而掃街時的那一側則不能停車，也因此通常一條街兩側會有不同的掃街時間。當你看到道路兩旁有一側都沒有停車時，千萬不要暗自高興前去停車，掃街被開罰單就真的只能怪自己了！因此停車前請先看清路邊的停車及掃街標示。

路邊計費停車格操作流程	
步驟	**事項**
Step 1	讀清路邊停車標示牌，確認可停車時間
Step 2	停好車，將信用卡插入計費器（或投幣），稍等1秒後迅速抽出，按下「＋」或「－」的時間鍵，確認停車時間，並按下「Ok」鍵確認
Step 3	計時器閃綠燈，即開始倒數計時

路邊停車標示舉例	
標示	**意義**
No Parking 6am–8am Wednesdays Street Cleaning	週三06:00～08:00掃街，禁止停車
No Parking Night Time 7pm–7am & Any Time Sundays	週一～六19:00～07:00禁止停車，週日整天，禁止停車
Permits Exempt	沒有停車許可證禁止停車
2HR Parking 7am–7pm Mon thru Fri	週一～五07:00～19:00可於此停車2小時，其餘時間則沒有停車限制

租車攻略

租車在時間、地點上都較彈性自由。若無美國駕照，請千萬記得先在台灣監理所申請國際駕照喔！申請辦法請見網站：tpcmv.thb.gov.tw。

美國幾大租車公司如下：Advantage、Alamo、Avis、Budget、Dollar、Enterprise、Hertz、National、Payless 和 Thrifty 等。無論使用哪一家，租車注意事項及流程大致如下頁表格。

租車注意事項

差齡費用：依規定，需年滿21歲並擁有駕照超過一年才可租車，但每家租車公司規定不盡相同。Avis 於大多數城市皆可出租車輛給18歲、有駕照的民眾；Hertz 則規定25歲才可租車。有些租車公司會向25歲以下民眾增收差齡的費用。

信用卡福利：信用卡的福利可能包含租車的保險 CDW 或 LDW。若無，可在 rentalcover.com 購買保險方案，費用比租車公司更低。此外，有些信用卡包含免費升級車等，取車時千萬別忘了向櫃檯人員確認。

機場特許費（Airport Concession Fee）：不同取車、還車地點會有不同的價碼，通常在機場租車的價錢最高，會額外多收機場特許費，最終價位可能比一般租車點的費用高10～25%，但它卻是旅客最方便的選擇。越不熱門的住宅區價錢越低，建議大家若有時間可多比較不同地點的行情。

拋車費（Drop Fee）：若取、還車地點不同，大多數租車公司會增收拋車費。

機場即可租車、取車與還車

租車保險

在美租車，需特別注意下頁幾種汽車保險類別。

各種不同等級的車輛

金卡會員專屬選車區

內行人小祕密

使用汽車共享APP租車

除了可以選擇於租車公司租車外，也可使用汽車共享APP，例如 Turo、Zipcar 等，用手機可直接從街邊輕鬆租取你所選擇的車輛（可算是汽車版的 Airbnb）。優點是，價位通常較租車公司低，車輛選擇較多也較好。

租車 / 還車流程表

步驟	事項
Step 1 上網比價	利用租車比價網站autoslash.com、CarRentals.com，或各大旅遊網站如Kayak、Hotwire、Expedia、Priceline估價
Step 2 選擇租車公司 並加入會員	比價後，選擇租車公司
Step 3 網上先預約	• 選擇預約天數、取車和還車地點、日期及時間 • 評估車型：通常分經濟型、小型、中型、標準、大型、高級、奢華和廂型車等 • 選擇要額外增加的功能或項目（如導航系統、嬰幼兒安全座椅、衛星音樂電台等） • 選擇是否需要保險，以及特殊保險種類 • 選擇是否打算預購汽油 • 確認若取消預約是否有罰款 • 估算出總計金額後，決定是否先刷卡付費預約
Step 4 至預約取車地點 取車	• 準備好駕照和信用卡，報上你預約時使用的姓名，並再度詢問是否有更好的優惠和有哪些車款可選。確認之後，詳細閱讀合約 • 若無預先支付費用，此時租車公司會索取信用卡，並先行於卡費中扣取部分金額作為押金 • 跟著車行人員詳細檢查車身，確認車輛裡外是否有任何損傷、擦傷、問題或污漬，所有的燈和機械是否都正常運作，並拍照以確保任何原本就存在的損傷或問題 • 確認油箱裡的油量、油箱的位置、如何開油箱，以及使用的汽油種類
Step 5 還車	• 加滿油 • 確認車內無垃圾並無遺留任何私人物品 • 於合約上預訂還車日期和時間還車 • 交還鑰匙並等待現場列印收據或電子收據

租車保險比較表

保險簡稱	英文全名	包含項目	每日費用 （美元）
LIS 第三責任延伸險	Liability Insurance Supplement	若造成對方（第三方）車輛損傷，此保險將會替你支付對方車輛的損失	$7～14
LDW、CDW 碰撞險	Loss Damage Waiver、Collision Damage Waiver	此保險保障租賃車輛的車體損傷、拖吊、遺失遭竊和道路救援等所衍生的費用。基本上只要維修金額在理賠範圍內，租車公司通常都不會向租賃者額外再索償費用	$9～30
PAI 人身傷害保護險	Personal Accident Issurance	發生車禍時，此保險會負擔你和同車乘客的醫療費用，如救護車費、醫療照顧費和事故傷亡理賠等	$1～5
PEP / PEC 個人財物險	Personal Effects Protection / Personal Effects Coverage	此保險理賠車中財物遭竊的損失	$1～4

自助加油

不同於台灣，美國加油多為自助加油，油則分為87（一般 Regular/Unleaded Plus）、89（中級 Plus/Performance Plus）、91（高級 Premium/V-Power/High Performance）。自助加油通常分為兩種方式。

處處可見的美式自助加油站

刷卡 / 現金付費自助加油方式

步驟	刷卡付費（個別油槍付費機）	現金付費
Step 1	停車熄火	
Step 2	於加油機上付費處選擇 Debit Card 或 Credit Card	記住加油機編號
Step 3	選擇 Credit Card 後將信用卡插入信用卡槽並迅速抽出收好。輸入信用卡帳單地址的郵遞區號（國外遊客可輸入 00000 或向加油站商店內店員求助）	進入加油站內商店，向櫃檯人員告知加油機編號、油的種類及預加多少錢的油，之後付款
Step 4	完成信用卡認證後，螢幕上會出現「拿取加油槍並選擇油的種類(Remove Nozzle & Select Grade)」。通常遊客會選擇最便宜的 Regular 87。千萬不要不選到綠色的柴油喔	完成付款後，返回加油機拿起油槍，插到油箱口即可開始加油
Step 5	將油槍插入油箱口，並按下油槍上的彈簧卡榫，鎖住後即可手輕扶著讓油槍自動加油	
Step 6	加完油後，將油槍取下掛回加油機，鎖好油箱蓋，而加油機螢幕上會出現最後金額，選擇是否列印收據，完成加油	

— 內行人小祕密 —

利用 GasBuddy 搜尋最便宜的加油站

市區、熱門觀光區、高級住宅區的油價，一定比郊區、非熱門區的油價來得貴，因此建議大家可用手機下載 GasBuddy 來搜尋鄰近地區最便宜的加油站，並使用提供較高倍數現金回饋的信用卡來加油。

洛杉磯住宿推薦

推薦酒店

洛杉磯有各式不同風格、價位、顧客群的酒店，以下較適合注重時尚的旅客，以及25～35歲的族群。

The LINE LA
現代工業風的精品旅館

翻修自1964年的老建築，以工業風灰色水泥牆為基底，搭配大量的白色，再以些許的紅藍綠抽象原創畫作、家具擺設和復古墨西哥布料製成的坐椅做為點綴。窗戶外可眺望好萊塢山市景，房內備有電動的遮光窗簾。

飯店內美如溫室般的餐廳Openaire有著透明挑高的屋頂，種滿了綠色植物，讓人彷彿在花園中用餐；知名的網美時尚咖啡店Alfred Coffee也在此插旗入駐，旅客們可以在此來一杯美味健康的抹茶杏仁拿鐵！（詳情請見「美味洛杉磯」章節）另外，大廳一隅的Poketo就像是為文青特別設計的選物店，有販售各種在地創意生活用品，有空也可逛逛喔！

洛城市景的美麗泳池畔，讓人好想跳下去暢泳

房內採極簡設計

#地址　3515 Wilshire Blvd, Los Angeles, CA 90010
#電話　213-381-7411
#網址　www.thelinehotel.com/los-angeles
#價錢　$200以上
#氣氛　極簡現代時尚
#適合族群　千禧世代(millennials)，生於1980～2000年間的人
#房間大小　★
#服務態度　★★★★
#景觀　★★★★★
#餐廳　★★★
#地理位置　韓國城
#交通　★★★★鄰近地鐵站Wilshire/Normandie

好萊塢山景房看出去，可遠眺好萊塢標誌

Ace Hotel Los Angeles
復古文藝的精品旅館

Ace 位於洛杉磯舊城區，改建自1927年的「聯合藝術大樓」，自開幕以來即是LA最潮旅館之一。這裡原來有一間三層樓高的劇院「The Theatre」，被重新裝潢成西班牙哥德風，搖身一變成為可容納1,600人的活動空間與電影院，充滿歷史色彩。頂樓游泳池和「Upstairs」酒吧可覽洛杉磯市景。其中的Best Girl餐廳也是網紅熱愛拍照點。特別推薦充滿復古感裝潢的房間及黑白戲劇感的浴室。

古色古香的建築

#地址 929 S Broadway, Los Angeles, CA 90015
#電話 213-623-3233
#網址 www.acehotel.com/losangeles
#價錢 $250以上
#氣氛 復古文藝
#適合族群 文青
#房間大小 ★
#服務態度 ★★★★
#景觀 ★★★
#餐廳 ★★★
#地理位置 洛杉磯市中心
#交通 ★★★★

內部裝潢也復古講究

就連浴室也很文青

餐廳充滿懷舊風情

可欣賞市景、享用美食的露天陽臺

來這輕鬆享受市中心的美景

Palihotel Melrose
隱身於巷弄中的溫馨精緻旅館

鄉村風的Palihotel Melrose位於洛杉磯梅爾羅斯街，飯店共有32間房，以鄉村原木為設計基底，搭配藍綠大膽配色、古董畫作、絨布擺飾、銅製家飾、復古工業風燈光和木梯，並且每間房間都配有iPad方便客人查詢資料。

時尚設計品牌店和美食餐廳皆在步行可達的距離內，充滿創造力的街頭塗鴉也可以在附近看見，地理位置上也接近「葛洛夫購物中心」和夜生活精采的「日落大道」。

飯店內蔬食美食餐廳The Hart + The Hunter，擁有號稱「全洛杉磯最好吃酪梨吐司餐廳」之稱，除了酪梨吐司，融合美國南方和加州風的料理同樣美味。

知名酪梨吐司餐廳The Hart + The Hunter

酒店外觀以原木為基底，打造出鄉村風

旅館內大量使用藍綠色，與原木搭配出時尚復古的裝潢

房內處處充滿巧思，復古又精緻

#地址　7950 Melrose Ave, Los Angeles, CA 90046
#電話　323-327-9702
#網址　www.palisociety.com/hotels/melrose
#價錢　$200以上
#氣氛　復古文藝
#適合族群　時尚文青
#房間大小　★
#服務態度　★★★★★
#景觀　★★★
#餐廳　★★★★★
#地理位置　西好萊塢
#交通　★★★★

Hotel Indigo Los Angeles Downtown
現代多彩時尚旅店

Hotel Indigo LA 位於洛杉磯市中心精華地段,設計主打繽紛風格,走年輕活力路線。室內設計以高雅黑白做基底,紅藍綠點綴,穿插鉚釘家具杁復古金屬燈具,且每間房都有大落地窗可看洛杉磯市景。飯店頂樓酒吧 18 Social,屬於較輕鬆的包廂,可吃小點、搭配雞尾酒,欣賞18樓高的美景!

另外,大廳開放式酒吧餐廳 Metropole Bar & Kitchen,營業時間為06:30～01:00,不同時段提供不同餐點。

因位於市中心,晚上可以到市區的運動酒吧觀賞球賽轉播。此外,附近的活力洛城(LA Live)也有很多餐酒館,可以讓人體驗各式不同的好酒搭配餐點。

地址　899 Francisco St, Los Angeles, CA 90017
電話　213-232-8800
網址　bit.ly/2Rfn9P6
價錢　$180 以上
氣氛　年輕多彩時尚
適合族群　都會人士
房間大小　★★
服務態度　★★★★
景觀　★★★★
餐廳　★★★★
地理位置　洛杉磯市中心
交通　★★★★鄰近地鐵站 7th Street/Metro Center

現代摩登的室內設計

時尚酒吧美味無限,讓人不怕餓肚子

推薦 Airbnb

　　想深度體驗一個城市，就該試試「住」在當地，而 Airbnb 的盛行讓大家出國時多了許多選擇。在挑選 LA 的 Airbnb 時，請檢視必備的兩項要件：冷氣和停車位。這幾年炎炎夏日，冷氣成了住宿必備家電，但不少 LA 靠海或老舊的公寓不見得有冷氣；此外，請大家一定要注意確認選擇的 Airbnb 有免費車位(Free Parking on Premises)，才表示住宿處有車位，而不是只有路邊停車。

　　除了每日入住費，Airbnb 屋主也酌收各式費用，如清潔費、訂金、服務費以及人頭費等。隨著法規的調整，Airbnb 也開始增收如旅館所收取的住宿費。其他關於洛杉磯 Airbnb 的注意事項請見網站。網址：www.jslalaland.com/airbnbla

美不勝收的日落大道美景

充滿人情味、獨特設計、面向日落大道的 Airbnb

設計、色彩鮮明的漫畫牆讓人感受到屋主的童心和熱情

面海的主臥好不愜意

大門一打開就看到電影《獨家腥聞》(Nightcrawler)的主要拍攝地點

───── 內行人小祕密 ─────

點選以下連結

加入 Airbnb，並預訂總額 $75 美元以上的住宿，即可獲得 $40 美元的 Airbnb 折扣金。
網址：abnb.me/e/shmZPYQLWF

Sunset Metropolitan

面對日落大道、正對 Netflix 洛城總部的時尚高樓

這是我很喜愛的 LA Airbnb 之一，套房寬敞，含廚房設備和一間衛浴，而且窗景面向日落大道。屋主本身是 DJ，因此屋內有許多音樂設備，牆上還有屋主日常的照片和租宿者的留言，讓人覺得新潮又不失溫馨。住宿大樓正對 Netflix 位於洛杉磯的新總部、洛杉磯電視台（KTLA5）和製片廠日落高爾攝影棚（Sunset Gower Studio），房間位於 9 樓，可一飽日落大道的迷人街景，還可遠眺好萊塢標誌！

大樓底下只要是沒有特別標示的車位皆可停車，但記得要把屋主交予的停車許可證擺放在車內的擋風玻璃前。屋主 Jeremiah 很負責又友善，抵達前會發訊息告知大門、停車場密碼及房間鑰匙藏身處，可自行進入 check in。

地址　5825 Sunset Blvd, Los Angeles, CA 90028
網址　abnb.me/SZVEToaRyX
價錢　$110 以上（每日房價，未含其他各式費用）
設計風格　funky 時尚又獨特
適合人數　1～2 人
房間大小　★★★★★
服務態度　★★★★★
景觀　★★★★★
地理位置　好萊塢
交通　★★★★★ 位於 101 號公路日落大道出口處，走日落大道，再往北兩分鐘可至好萊塢大道，往南 5～10 分鐘可到葛洛夫購物中心、梅爾羅斯大道，往東 5～10 分鐘可達溫馨小城拉奇蒙特，往西 5～10 分鐘則可到比佛利購物中心

符合屋主 DJ 身分的個性裝潢

大樓對面是 Netflix

窗戶一打開，往左可看到洛杉磯在地電視台和製片廠，往右則可看到好萊塢標誌

寬敞、舒適又有個性的開放式套房

Malibu Beach House
欣賞馬里布海邊美到讓人忘了呼吸的美景

小屋位於海灘上，一面面海、另一面面向太平洋海岸公路(PCH)，共計兩層。主臥室落地窗一打開是陽台，可一邊享用美酒，一邊看海，晚上還可聽海浪拍打的聲音。1樓可直通海灘，若直接打開客廳面海的窗戶，即見與主臥相通的室外陽台。可在這間海邊小屋欣賞日出。窩在陽台看海和

LA著名的彩虹天空真是人間一大享受！屋主也提供衝浪板和小船讓房客衝浪或泛舟！

雖然check in時有點複雜，鑰匙藏身處需花些時間尋找，但屋主非常親切友善、有問必答，回應速度也很快。若要找停車位，面對太平洋海岸公側門街邊可以停車。

太平洋海岸公路的小屋入口

採光絕佳、舒適完美的主臥室

清爽潔淨的客、飯廳

#地址　20646 Pacific Coast Hwy, Malibu, CA 90265
#網址　abnb.me/lbXGMj4QyX
#價錢　$350以上（每日房價，未含其他各式費用）
#設計風格　休閒、放鬆
#適合人數　3～6人
#房間大小　★★★★★
#服務態度　★★★★★
#景觀　★★★★★
#地理位置　馬里布
#交通　★★★★★位於1號公路上，往北可至馬里布海灘，往南可至聖塔莫尼卡、威尼斯海灘

打開落地窗即可於陽台直接欣賞、享受無敵海景

小屋可直通海灘

Park La Brea Complex
適合全家人或姊妹淘一起居住的高級公寓

位在葛洛夫購物中心正對面的Park La Brea，算是這區較早開發的大型高級公寓社區，社區生活機能佳，有健身房、泳池、洗衣間，5分鐘車程即可至Trader Joe's、CVS Pharmacy和Whole Foods等採買生活用品。離早午餐餐廳Republique更是不到10分鐘車程。

社區內的Airbub客廳空間極大，落地窗看出去可看到整個社區，並遠眺LA市中心。主臥擁有一套完整的衛浴設備及一間超大的walk-in closet，通往主臥的走道牆面更貼滿了漫畫繪圖。此外，屋主還貼心地提供了許多枕頭、棉被、盥洗浴巾，及充氣床墊供房客使用。

入住前屋主會先提供一份詳細說明和地圖，告知如何進出、社區、套房、大樓位置以及停車位置。社區內的街邊停車格或社區內停車樓的屋主專用停車位皆可停車。

非常有異國情調的主臥室

絕佳的視野

#地址　430 S. Fuller St, Los Angeles, CA 90036
#網址　abnb.me/dMCx3PgSyX
#價錢　$250以上（每日房價，未含其他各式費用）
#設計風格　熱情活力
#適合人數　3～6人
#房間大小　★★★★★
#服務態度　★★★★★
#景觀　★★★★
#地理位置　中威爾士（Mid-Wilshire)
#交通　★★★★距葛洛夫購物中心和農夫市場僅5分鐘開車距離，距好萊塢、西好萊塢15分鐘內

充滿綠蔭的大型社區

偌大、色彩鮮明的兩房兩衛一廳

洛杉磯行程規畫

Day 1　濱海城市

時間	地點	介紹
08:00	馬里布碼頭(Malibu)	於Malibu Farm Restaurant享受新鮮早餐，漫步馬里布海灘
10:00	蓋提別墅(Getty Villa)	欣賞約翰·保羅·蓋提的收藏品及精心設計的花園
13:00	艾伯特金尼大街(Abbot Kinney Blvd)	於「Gjelina」享用午餐，「Intelligentsia」或「Blue Bottle」享用精品咖啡、「Salt & Straw」品嘗手工冰淇淋，逛設計小店，在網美牆打卡
16:00	威尼斯運河(Venice Canals)	沿途欣賞運河風情及獨特的沿岸小屋
17:00	威尼斯海灘(Venice Beach)	靜待黃昏，欣賞南加特有的彩虹棉花糖天空
18:00	聖塔莫尼卡碼頭(Santa Monica Pier)	尋找Route 66的終點，在「太平洋公園」搭乘摩天輪
19:00	第三街購物徒步區(3rd St Promenade)	盡情逛街享受夜景。逛累了可於「聖塔莫尼卡購物中心」的美食廣場或餐廳享用晚餐

Day 2　比佛利、好萊塢

時間	地點	介紹
10:00	好萊塢大道(Hollywood Blvd)	星光大道、中國劇院、蠟像館、信不信由你、金氏世界紀錄紀念館等，做場明星夢
12:00	好萊塢高地購物中心(Hollywood & Highland)	遠眺好萊塢標誌，在餐廳「California Pizza Kitchen」享用加州創意料理，用餐後購物
15:30	比佛利山莊(Beverly Hills)	參觀「羅迪歐大道」、「第二羅德歐」並享受精品購物。一邊逛街，一邊欣賞沿路的超跑名車及不時出現的好萊塢明星
17:30	比佛利中心(Beverly Center)	逛街並享用各國料理
20:00	葛洛夫室外生活購物娛樂中心(The Grove)	購物、看電影、享用美食，享受美景和噴水池等

Day 3　洛杉磯市中心

時間	地點	介紹
10:00	市中心藝術區 (Arts District)	壯觀美麗的街頭塗鴉牆隱身在巷弄之中，有許多獨具特色的藝術小店及各式蔬食餐廳、冰淇淋店、咖啡廳，如「Stumptown Coffee」、「Blue Bottle Coffee」、「The Pie Hole」等
13:00	中央市集 (Grand Central Market)	在這 LA 頗負盛名的傳統美食市集享受當地美食，必吃「eggslut」
15:00	建築、藝術品味之旅	「華特迪士尼音樂廳」自開幕以來就一票難求，還有知名現代藝術殿堂「The Broad」、電影《銀翼殺手》和《戀夏五百日》等電影拍攝處「布萊德布利大樓」、洛杉磯在地祕密特色書店「最後的書店」
18:00	活力洛城 (LA Live) 及史坦波中心 (Staples Center)	晚上可來逛逛，或買票觀賞 NBA 球賽、演場會

樂園逍遙 5 日遊　Day 1～3 濱海城市、比佛利、好萊塢、洛杉磯市中心。
請參見「精華景點 3 日遊」行程

Day 4　環球影城或迪士尼樂園

	時間	地點	介紹
方案1	08:30	環球影城 (Universal Studios)	先從最熱門的遊樂設施「哈利波特魔法世界」玩起，接著再體驗下園區的「神鬼傳奇雲霄飛車」、「侏羅紀世界」、「變形金剛：3D 飛車」。(建議非假日一早抵達)
方案2	09:00	迪士尼樂園 (Disneyland)	全球第一座、也是唯一一座華特·迪士尼親身參與設計、建造、完工的迪士尼樂園。星際大戰主題區目前為園內最熱門的遊樂設施，其中的「星際大戰：銀河邊緣」更是滿滿人潮

Day 5　棕櫚泉沙漠丘暢貨中心

時間	地點	介紹
10:00	棕梠泉沙丘暢貨中心 (Desert Hills Premium Outlets)	其品牌之眾多、幅員之廣大，絕對可以讓你逛一整天！

全球最美書店之一的 The Last Bookstore

夜晚光彩奪目的洛杉磯市中心

洛杉磯中央市場

Day 1　陽光、沙灘、比基尼

馬里布(Malibu)	
類型	地點
加州海灘	里歐卡里洛海灘、鬥牛士海灘
景觀餐廳	農場直送「Malibu Farm Restaurant」、海鮮酒吧「Neptune's Net」、創意日本料理「Nobu」
品味購物	馬里布州立購物中心
文藝鑑賞	蓋提別墅
布倫特伍德市(Brentwood)	
休閒購物	布倫特伍德市集、蒙大拿街

Day 2　經典、文青洛杉磯

聖塔莫尼卡(Santa Monica)	
類型	地點
加州海灘	聖塔莫尼卡碼頭、太平洋公園摩天輪、公路之母66號公路終點地標(End of Route 66)
休閒購物	第三街購物徒步區、聖塔莫尼卡購物中心
威尼斯(Venice)	
優遊運河	威尼斯運河
購物、美食、打卡	艾伯特金尼大街；美式早午餐「Gjelina」、烘培外帶店「Gjusta」、蔬食餐廳「The Butcher's Daughter」、咖啡「Intelligentsia」、藍瓶咖啡「Blue Bottle」、創意手工冰淇淋「Salt & Straw」
多元海灘	威尼斯海灘濱海大道、猛男海灘、滑板公園

享受海邊用餐的樂趣

在馬里布碼頭享用美食

Day 3　網美、名流時尚

比佛利山莊(Beverly Hills)	
類型	地點
夢幻酒店	The Beverly Hills Hotel（入門處及池畔餐廳Cabana Cafe必打卡）
比佛利地標	比佛利標誌
精品購物	羅迪歐大道、比佛利中心
愛心塗鴉牆和咖啡店	J. Goldcrown 愛心塗鴉牆、Alfred Coffee Beverly Hills
西好萊塢(West Hollywood)	
時尚購物	梅爾羅斯莊園街區，選物百貨「Fred Segal」、復古洋裝品牌「Reformation」、網美咖啡和茶室「Alfred Coffee」和「Alfred Tearoom」、美妝店「Glossier」、好萊塢名流御用美髮店「Nine Zero One」
網美塗鴉牆	時尚品牌 Paul Smith 的「粉紅牆」和「Made in LA」
多元海灘	威尼斯海灘濱海大道、猛男海灘、滑板公園

Day 4　娛樂洛城

好萊塢(Hollywood)	
類型	地點
好萊塢經典地標	好萊塢大道，包含好萊塢高地購物中心、星光大道、TCL 中國戲院、杜比劇院、杜莎夫人蠟像館
影史傳奇酒店	羅斯福酒店
電影《樂來越愛你》場景	格里斐斯天文台
日落大道(Sunset Blvd)	
夜店	Whiskey A Go-Go、The Viper Room、The Roxy Theatre
名流酒店	Chateau Marmont、露天酒吧 Mama Shelter
時尚美食	EP & LP、Carney's、The Butcher, The Baker, The Cappuccino Maker、Mel's Drive-In、The Griddle Cafe
特色商店	Amoeba Music、ArcLight Cinemas

露天餐廳和電影院 E.P. & L.P.

夕陽的威尼斯海灘格外美麗

IG 網紅打卡露天酒吧

Day 5　影城之旅

類型	地點
幕後片場遊	華納兄弟片廠
影視遊樂園	環球影城

Day 6　超值精品折扣之旅

類型	地點
購物天堂	棕梠泉沙丘暢貨中心

Day 7　都會文藝

中威爾士(Mid-Wilshire)	
類型	**地點**
綜合購物	葛洛夫室外生活購物娛樂中心、農夫市場
藝文活動	洛杉磯郡立博物館、城市之光、彼得森汽車博物館
洛杉磯市中心 (DTLA)	
文青區	市中心藝術區，有各式街頭塗鴉牆(詳情請參考「美拍洛杉磯」章節)跟美食，如「Stumptown Coffee」、「Blue Bottle Coffee」、「Zinc Cafe」、「Cafe Gratitude」、「The Pie Hole」
電影《樂來樂愛你》場景	天使鐵路、中央市集
藝文活動	華特迪士尼音樂廳、布洛德美術館、布萊德布利大樓、最後的書店

闔家歡樂7日遊　📍 Google Map：bit.ly/2J3Z9vV

Day 1　經典加州風情

馬里布(Malibu)	
類型	**地點**
自然景觀	馬里布碼頭
文藝鑑賞	蓋提別墅
馬里布明星之家	使用洛杉磯景點一卡通，或直接參加Starline Tours，網址：www.starlinetours.com
聖塔莫尼卡(Santa Monica)	
加州海灘	聖塔莫尼卡碼頭、太平洋公園摩天輪、公路之母66號公路終點地標
休閒購物	第三街購物徒步區、聖塔莫尼卡購物中心

Day 2　名流好萊塢

比佛利山莊(Beverly Hills)	
類型	**地點**
明星之家	使用Go Los Angeles Card，或直接參加Starline Tours
好萊塢(Hollywood)	
類型	**地點**
好萊塢經典地標	好萊塢大道，包含好萊塢高地購物中心、星光大道、TCL中國戲院、杜比劇院、杜莎夫人蠟像館、信不信由你、金氏世界紀錄紀念館
電影《樂來樂愛你》場景	格里斐斯公園和天文台

Day 3　影視之旅

類型	**地點**
影城遊樂園	環球影城

Day 4　都會娛樂

中威爾士(Mid-Wilshire)	
類型	**地點**
購物中心	葛洛夫室外生活購物娛樂中心、農夫市場
洛杉磯市中心 (DTLA)	
類型	**地點**
美食市集	中央市集
博物館	自然歷史博物館、加州科學博物館
賽事及活動中心	活力洛城、史坦波中心

Day 5　樂園之旅(二擇一)

類型	**地點**
天堂遊樂園	迪士尼主題樂園
冒險遊樂園	加州冒險樂園

Day 6　南灣休閒生活

類型	**地點**
水族館	太平洋水族館
登賞鬼船	瑪麗皇后號
博物館	愛荷華戰艦博物館

Day 7　海島風光

類型	**地點**
海島	聖塔卡特琳娜島

全書地圖
QR Code

市中心地圖
https://reurl.cc/72LYvN

中威爾士地圖
https://reurl.cc/GkLgyx

好萊塢地圖
https://reurl.cc/ObLQ3D

西好萊塢地圖
https://reurl.cc/IL4nrq

西區和比佛利地圖
https://reurl.cc/4gvYzL

南灣地圖
https://reurl.cc/nV4x3d

聖費南多谷地圖
https://reurl.cc/1Q7INm

橘郡(橙縣)地圖
https://reurl.cc/M7LWKL

濱海城市地圖
https://reurl.cc/qD4aWy

近郊地圖
https://reurl.cc/5gZXnv

美拍洛杉磯──市中心區
https://reurl.cc/XXNxng

美拍洛杉磯──西好萊塢區
https://reurl.cc/pD48kZ

美拍洛杉磯──威尼斯區
https://reurl.cc/md4zgM

拉斯維加斯

LAS VEGAS

關於萬惡之城
ABOUT THE SIN CITY

夜景從高處看更美

拉斯維加斯是全美排名前三名的商務會議舉辦地，擁有每年超過4,000萬名旅客造訪的奢華賭場酒店、世界首屈一指的表演秀、大尺度的成人娛樂、讓人走到腿軟的商店街和吃到忘我的高級自助餐。

Vegas也是許多電影的主要場景。包含《頭彩冤家》(What Happens in Vegas)、賭城大盜《瞞天過海》(Ocean's Eleven)系列電影、舉辦婚禮前告別單身派對卻發生一連串荒唐事蹟的《醉後大丈夫》(The Hangover)、描述芝加哥老大開拓Vegas的《豪情四海》(Bugsy)等。談到Vegas，這句「What happens in Vegas, stays in Vegas.」馬上浮現在大家腦海中。

其實賭城除了賭博和喝個爛醉之外，還有很多精采活動。看秀、購物、跑趴、參加泳池派對、挑戰巴黎鐵塔型的高塔雞尾酒、欣賞燦爛的夜景、享用頂級美食（甚至是婚宴），都是不能錯過的賭城體驗。

若厭倦了Vegas，想轉換心情，也可開車至鄰近的胡佛水壩、紅石峽谷和大峽谷，感受氣勢磅礴的自然景色。

來Vegas第一件事，先跟招牌合照

白天的Vegas另有一番風情

彷彿在訴說著賭城歷史的霓虹博物館

新、舊賭城
THE OLD & NEW VEGAS

華麗的夜景是來到 Vegas 的第一印象

　　50年代是Vegas邁向「萬惡不夜城」的開始，一連10多年的賭場拓建，直至山洪和亞特蘭大城賭博合法化才重創了Vegas的賭場生意。1989年旅館業大亨Steve Wynn的加入，讓Vegas重回博弈大城一級戰場。

新城區──拉斯維加斯大道長街 The Strip

　　「The Strip」是遊客們造訪拉斯維加斯的第一站，各家賭場特色鮮明，無論是建築裝潢、遊樂設施、表演秀、餐飲或夜生活，各有各的特色。

　　The Strip以Flamingo Rd為界，往南至Mandalay Bay的「南長街」，可以看到最新、最知名的賭場飯店；往北至Utah

Ave的「北長街」則屬較早期、藍領階級的賭場酒店區，但隨著更多大型賭場酒店和高級購物中心加持，北長街的繁榮指數也跟著升高。

舊城區──賭城市中心
Downtown Las Vegas

　　拉斯維加斯的博弈事業源於Vegas市中心的「弗蒙街」

(Fremont St)區。它位於北長街的北方，充斥著各式霓虹燈照亮夜間星空，有著「閃耀峽谷」之稱。

　　80～90年代時，遊客轉移至新城區The Strip，曾經是Vegas心臟地帶的弗蒙街城區繁華不再，1994年城裡耗資7,000萬美金，打造了著名的「弗蒙街體驗」，重建當年榮景。

歡迎來到舊城區，
感受當年賭城初創時的奢靡繁華

舊城區也很好玩

現代時尚的購物中心Crystals
極盡奢華之能事

交通

徒步: 使用各賭場內外相通的行人步道,怕熱可走賭場酒店的室內步道。

賭城單軌電車(Las Vegas Monorail): 外地旅客若欲於各賭場間穿梭移動,搭乘賭城單軌電車是最省錢的選擇之一。電車共7站,每隔5~6分鐘就有一班,平日行駛至02:00,週末則至03:00時,單趟$5美元,一日通行券$12美元。

計程車: 遊客們需至各大賭場酒店門口才能排隊等搭車,但Vegas計程車是出了名的狡詐,除了會帶你繞後門小路增加車程外,刷卡還需多支付$3~4美元的手續費。叫計程車建議使用現金,至少可省下手續費。

共乘Lyft或Uber: 選擇搭程Lyft或Uber可以避免在The Strip上永無止盡的塞車、不斷進出賭場停車場,及狂歡喝酒後的不便,也比搭乘計程車省了許多費用!

停車: 近來許多酒店開始酌收自行停車費用,通常第一小時免費,但若要過夜則需

或者你也可搭機前來

行人天橋

共乘車Lyft或Uber都有特別的候車、上下車位置,請特別注意各賭場的標示

花費 $15～24 美元不等。代客泊車的費用約為 $15～30 美元不等（詳細費用請以各賭場現場標示為準）。

賭城景點一卡通(Las Vegas Power Pass)：包含 60 個以上的景點和秀，分為 2、3、5 天三種，價位介於 $239～469 美元之間。(小叮嚀：基本上一天跑 4 個景點已經算是極限！)

穿著

外套或厚披肩：到賭城請隨身攜帶一件外套！夏季時則需做好防曬，隨身攜帶水，否則很容易缺水、曬傷或中暑。但即便室外酷熱，賭場酒店內冷氣大開，有時甚至會讓你冷到需要穿外套。

一雙能走的鞋：高跟鞋再好穿，走一趟 The Strip 包準你腿軟想脫鞋！建議穿雙好走的球鞋或便鞋，晚間若要去看秀或 Party，再搭乘 Lyft 或 Uber，以免落為「The Vegas Girl Walk」，成為穿著性感華服卻赤腳走路的美女們。

性感盛裝：Vegas 是個少數穿得再性感、再盛裝都不會顯得奇怪的地方。盡情打扮，能大大增加免費進夜店或泳池派對的機率喔！性感華服在此都可買到，妝容議也可去連鎖美妝店 Sephora 請彩妝師幫忙，若用到喜歡的商品，也請順便買個一、兩樣，藉此感謝他們的服務。

小費

小費是 Vegas 最重要的收入來源也是最基本的禮貌，千萬別忘了給小費！

餐廳用餐：總消費額的 15～20%。

酒店行李員：每件 $1～2 美元。

酒店櫃檯服務：$5 美元。

點酒：每人每杯 $1～2 美元。若使用以信用卡付費或在較高級的酒吧點酒，請給酒費總金額的 20% 作為小費。

於賭場內向雞尾酒女郎點免費飲料：$1 美元以上的小費。

購物

除了賭博，購物也是 Vegas 體驗極重要的一部分。這裡的賭場購物廣場都極具特色、奢華鋪張，如凱撒宮的「The Forum Shops」和威尼斯人的「The Grand Canal Shoppes」。當然，這裡也有非附屬於賭場的獨立購物中心如「Fashion Show Mall」和 City Center 的「The Shops at Crystals」。

賭博

隨身攜帶有照片的證件，20 歲才可進入賭場。此外，賭博贏錢的人也請記得以代幣打賞莊家小費，費用約為所贏金額之 10～15%。

各賭場飯店入口都清楚標示自行泊車(Self Park)或 Valet(代客泊車)

來這當然就要賭一下，玩個吃角子老虎，說不定你就是那個 lucky winner 呢！

威尼斯人的運河購物區一直是賭城最受歡迎、最有特色的購物中心之一

內行人小祕密

折扣券網站

vegas.com 是賭城最大的折扣券網站之一，經常會有早鳥優惠和各種折價、套裝優惠，建議大家善加運用，非常划算！先上網購票，

從洛城到賭城
FROM LA TO VEGAS

距離洛杉磯車程僅4小時的賭城，最適合與三五好友於週末來個公路小旅行！雖然路途中大多是沙漠，但其實也有許多值得停留的景點。

玻璃瓶森林
- #地址　24266 National Trails Hwy, Oro Grande, CA 92368
- #開放時間　全日
- #票價　免費
- #停留時間　30分鐘

加州66號公路博物館
- #地址　16825 South D st, Victorville, CA 92395
- #電話　760-951-0436
- #開放時間　週一、四~六10:00~16:00，週二、三公休，週日11:00~15:00
- #票價　免費
- #停留時間　1小時
- #網址　www.califrt66museum.org

玻璃瓶森林
≫荒漠中的瓶子林

Elmer's Bottle Tree Ranch

70多歲的獨立藝術家Elmer Long利用鋼管作樹木主幹、鋼筋作樹枝，掛上一萬多支瓶子，並加上特色古董物，打造出一片擁有200多顆樹的瓶樹森林，以紀念父親。Elmer老先生常駐足在這片親手打造的玻璃瓶森林中，若運氣好，或許你可以於園內碰到他。

加州66號公路博物館
≫美國公路之母紀念館

California Route 66 Museum

加州66號公路博物館位於洛城開往賭城途中必經的Victorville市老城。66號公路在30年代曾是美國拓荒西移之主要幹道，沿路是昏暗的美式餐廳、寬廣無際道路和一片西部蠻荒景象。透過展出照片和物件，旅客得以在博物館中體會到展出當年的拓荒歷史。

博物館外面的大牆

多彩的玻璃瓶森林超適合IG打卡

瓶山瓶海，可惜裡頭都沒有酒

彷彿在訴說著歷史故事的溫馨博物館

外星人肉乾店 》爆紅公路旅行中途打卡小憩站
🛸 Alien Fresh Jerky

Luis Ramallo 夫妻以外星人為靈感，開設了以外星人為主題的肉乾店「Alien Fresh Jerky」。店內外四處可見外星人模型和相關紀念品，店門前空地也設置成外星人專屬停車格和外星人飛行器，店面則翻修成一座巨型幽浮，乍看之下還真以為是外星人位於地球的神祕基地！

撇開外星人，Alien Fresh Jerky 販售的其實是肉乾。口感紮實、口味創意，如月球上烤肉、蜂蜜墨西哥辣椒、檸檬胡椒及威士忌等口味都相當受歡迎！

外星人肉乾店
#地址　72242 Baker Blvd, Baker, CA 92309
電話　+1-877-254-3635
#開放時間　週一 08:00～20:00，週二～六 08:00～19:00，週日 08:00～21:00
#票價　免費
#停留時間　30分鐘
#網址　www.alienfreshjerky.com

外星人很好認，絕對不會錯過

如幽浮般的店面

牛肉乾愛好者的天堂啊！甜的辣的通通滿足

外星人專用停車位

銀河系和平巡警車呢，裡頭還坐了阿Sir

內行人小祕密

世界最高溫度計 (The World's Tallest Therometer)
Baker 市是來往洛杉磯和拉斯維加斯間必停留之處，畢竟在經歷過近60英里荒無一物如西部拓荒的沙漠後，這城市彷彿是人類文明的希望。小城中聳立的全球最高電子溫度計，提醒著人們這裡最高溫曾達攝氏57度。
地址：72157 Baker Blvd, Baker, CA 92364，開放時間：10:00～18:00

The Mad Greek Cafe
The Mad Greek 通常是大家抵達拉斯維加斯前的最後一站，也是15號公路上最知名也最好吃的餐廳之一。一定要點希臘烤肉卷和現做的草莓奶昔試試看！地址：72112 Baker Blvd, Baker, CA 92309，營業時間：24小時

Zzyzx Road
≫奇特怪名之路

「Zzyzx Rd」正確發音為 /'zaɪzɪks/。1944年一位自稱是醫師的Curtis Howe Springer偽造自己是當地土地的所有權者，在此地打造出「假」溫泉會館，並採用拉丁字母的最後幾字拼湊成為一個新字「Zzyzx」來替會館命名，提供路過旅客泉水，將原本荒無一物的小鎮搖身一變成為養身礦泉度假村。目前Zzyzx被美國聯邦政府收回，交由加州州立大學管理，並成立了沙漠研究中心。

誠徵有開下去打卡的粉絲朋友唷！哈哈

七彩魔幻巨石 ≫沙漠中繽紛的裝置藝術
Seven Magic Mountains

　　賭城以南約10英里、離開15號公路一片荒涼的Ivanpah Valley沙漠中聳立著由國際知名瑞士藝術家Ugo Rondinone於2016年所打造的《七彩魔幻巨石》(Seven Magic Mountains)」。這由多彩手繪霓虹石頭堆疊而成、每座超過30英尺高的7座巨石塔群，不僅象徵著人類在沙漠中的足跡、更替荒蕪的沙漠增添了繽紛色彩，成為來往賭城遊客最新的IG打卡、拍照景點。(日落時拍照更是美麗！)

　　這原本只打算展出2年的臨時裝置藝術因大受歡迎，策展人決定將其維修、擴建，讓這沙漠中的美麗奇景能持續展出至2021年！

七彩的巨石堆在一片荒蕪的沙漠中特別顯眼

其他推薦景點

In-N-Out University & Company Store

通常開往賭城途中的第一站都會是可以補給糧食，並稍作休息的「In-N-Out Company Store」。這裡除了In-N-Out 知名的漢堡和餐飲外，更有品牌商店紀念品店。全球第一家「In-N-Out」店面就在對面！

地址：13800 Francisquito Ave, Baldwin Park, CA 91706

以大學命名的In-N-Out訓練總部及紀念品店

Calico Ghost Town

因採挖銀礦和硼砂而創建的「卡利哥城」早已繁華落盡，成為「鬼城」。Walter Knotta 將之改造為西部拓荒樂園。成為荒漠中著名加州觀光景點。

地址：36600 Ghost Town Rd, Yermo, CA 92398

鎮內的紀念碑

極具西方拓荒特色的樂園

奢華賭場是 Vegas 文化最重要的一部分，而身為主要遊客聚集地的「The Strip」，兩側的賭場酒店更是五花八門、爭奇鬥豔。

賭場酒店設計風格

這裡的賭場酒店以設計風格來說大致分為 4 類，請見以下表格。

設計風格	賭場酒店
主題和世界城市縮影	・紐約地標 New York・New York ・埃及金字塔及人面獅身像 Luxor ・義大利水都威尼斯風情 The Venetian ・巴黎地標 Paris ・古羅馬建築 Caesar's Palace ・南洋風情 Tropicana ・石中劍城堡 Excalibur ・美高梅影業經典象徵 MGM Grand ・小說《金銀島》Treasure Island ・好萊塢電影 Planet Hollywood ・其他有趣主題：外型如馬戲團的 Circus Circus、全美最高觀景塔酒店 Stratosphere，可看到火鶴及賭城長街上第一家賭場酒店 Flamingo、以火山秀馳名的 The Mirage
奢華大型度假賭場風	・賭城必看水舞酒店 Bellagio ・與 The Venetian 同屬金沙集團 Palazzo ・永利集團的 Wynn 和 Encore ・走金色奢華南國風的 Mandalay Bay
新潮現代時尚風	・都會時尚風 The Cosmopolitan ・現代時尚公寓風 Aria 和 Vdara ・世界最高觀景摩天輪 The LINQ ・取代經典賭場 Sahara 的 SLS Las Vegas
其他	・美國總統川普旗下集團 Trump International Hotel ・其他 The Strip 上老字號酒店如 Bally's、Harrah's ・鄰近的 Paradise Rd：Hard Rock Hotel & Casino

───── 攝影祕技 ─────

美拍不夜城技巧

買 Joby Gorilla 這類小型的三爪架，並搭配拍照 APP 的內建夜景模式，拍出紙醉金迷的夜景氛圍。

訂房小撇步及注意事項

訂房時機

　　通常越早預訂費用越低，若訂在非假日的週間（週日〜四）可避開人潮，並用平日一半其或旺季四分之一的價格訂到。美國感恩節至聖誕節的這段時間，特別容易找到節慶優惠。請注意 訂票前請記得先確認沒有撞期大型會議或展覽，否則不但機票、房價、秀場票價飆漲，還可能一票難求！

20元小鈔的祕密

　　在飯店櫃檯check in時，有禮貌地微笑攀談道謝並偷偷塞給服務人員一張$20的小費，對方就會會心一笑，想辦法幫你升等喔！這就是Vegas不明說的祕密訂房升等小撇步。如果不想花費$20，也可禮貌友善地與櫃檯人員聊天並詢問是否有較好的房間。通常酒店若非旺季、空房率較高時，櫃檯人員通常都很願意幫你升等或換間較佳視野的房間！但切記，別忘了給點小費感謝酒店人員的協助喔！

白天的賭城也一樣美

Resort Fee

　　不同於其他地方大多數酒店，Vegas的酒店都會有額外一筆「Resort Fees」，讓旅客可以使用酒店內的設施，訂房時並不會計算，而是到入住時才會出現在帳單中，因此有人會認為這是賭城酒店騙取消費者低價訂房的伎倆。光是「Resort Fee」稅前可能就每晚高達$45美元！關於最新各家酒店的Resort Fee費用請參考網站。

　　網址：www.lasvegasjaunt.com/resort-fees

繁忙、車流不斷的賭城大道

住宿旅客停車費

以往於酒店住宿的旅客通常無需再支付過夜停車費,但近幾年來Vegas的大型酒店集團在除了Resort Fee之外,又加上了停車費。

更多酒店即時停車費詳情請參考網址 www.vegas.com/transportation/parking-garages 。

申辦會員卡

Vegas的賭場酒店大多分屬美高梅、金沙、永利和凱撒娛樂集團。建議大家在訂房、用餐及賭博前,先準備好有效證件來免費申請各大集團的會員卡,可以累積點數及換取優惠。若點數夠多,各俱樂部還會在你下次蒞臨時提供免費餐飲、訂房優惠、房間升等、看秀折扣、夜店入場券或賭博相關等各式優惠呢!

myVegas Slot App

下載各大集團的吃角子老虎手機遊戲,透過免費玩線上遊戲來換取金幣,並可憑此金幣兌換相對應各集團的餐飲、住宿、夜店等優惠。

MLife的iOS遊戲下載:ppt.cc/fLagLx;Wynn的iOS遊戲下載:ppt.cc/fawxZx。

SPA設施

賭城的SPA非常有名。建議可以一般療程的半價來購買一天的SPA票券Day Pass(每家賭場酒店不同,需自行上各大酒店網站查詢),不用花大錢也能享受酒店內的SPA設施,包含飲品、蒸氣間、熱水池、SPA長袍、拖鞋和輕食。

透過MLife的myVegas Slot系列APP手機遊戲,賺取金幣並兌換此集團旗下酒店、餐廳等的各種優惠

經典賭場酒店
ICONIC CASINOS & HOTELS

百樂宮酒店
Bellagio Hotel & Casino

百樂宮可說是Vegas經典指標，以北義最美湖泊科莫湖的海岸村莊Bellagio為設計靈感，耗資$16億美元打造而成。即便大道上已充滿各式奢華酒店，百樂宮的受歡迎程度仍屹立不搖。從飯店大廳的玻璃花雕天花板、大理石地板，再到房內浴室雕塑，無一不反映出其浪漫優雅卻又極致舒適的設計理念。

延續大廳的花卉設計，百樂宮內的植物園Conservatory & Botanical Garden 也是必訪景點，巨大的溫室花園花卉藝術美麗如畫。此外，Bellagio前的噴泉水舞秀更是遠近馳名。

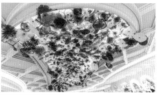
招牌花雕天花板

優雅的芭蕾水波隨著古典聲樂，或是知名傳奇歌手Frank Sinatra的歌聲翩翩起舞，下午時段每半小時播放一次，入夜後則是每15分鐘輪播。擁有超過1,000條水柱噴向250英呎高空的壯觀水舞秀總是吸引大批人潮。若想拍到完美水舞照，最佳搶位子時機是前一場結束前！

#地址 3600 S Las Vegas Blvd, Las Vegas, NV 89109
#電話 +1-888-987-6667
#房價 $$$
#星級 ★★★★★
#網址 bellagio.mgmresorts.com/en.html
#推薦美食 擁有畢卡索繪畫真跡的「Picasso」，是榮獲AAA五鑽餐館尊榮的現代法式餐廳；以各式瓶裝麵條作為裝飾、開設已久的「Noodles」，也是亞洲胃的食客首選
#推薦景點或體驗 噴泉水舞秀Fountain Show at Bellagio、美術館Gallery of Fine Art、植物園Conservatory & Botanical Garden
#推薦購物 Via Bellagio高級購物街區
#推薦表演秀場 太陽馬戲團 O by Cirque du Soleil

Bellagio的花園會隨著季節節慶更換主題，冬天就出現雪地與北極熊

絕對不可錯過水舞秀

白天看起來也很壯觀

─── 內行人小祕密 ───

水舞秀最佳觀賞點
在對街Paris酒店的知名餐廳Mon Ami Gabi也可以絕佳視野看到Bellagio的水舞秀喔！

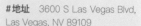

凱撒宮酒店
● Caesars Palace Las Vegas Hotel & Casino

凱撒宮酒店
#地址　3570 S Las Vegas Blvd, Las Vegas, NV 89109
#電話　+1-866-227-5938
#房價　$$
#星級　★★★★
#網址　www.caesars.com/caesars-palace
#推薦美食　全賭城最棒自助餐 Bacchanal、知名地獄主廚餐廳 Gordon Ramsay Hell's Kitchen、名列2018全球最佳餐廳並以新法式創意料理聞名的 Restaurant Guy Savoy
#推薦購物　羅馬商場 The Forum Shop
#推薦景點或體驗　夜店 Omnia

火鶴酒店
#地址　3555 S. Las Vegas Blvd, Las Vegas, NV 89109
#電話　702-733-3111
#房價　$
#星級　★★★
#網址　www.caesars.com/flamingo-las-vegas
#推薦景點或體驗　Wildlife Habitat 鳥園

1966年開幕的Caesars Palace是The Strip上第一間主題酒店。50年後，凱撒娛樂集團仍耗資百萬不斷更新裝潢。在這隨處可見古羅馬大理石雕、噴泉和特別進口的柏樹，更有穿著長袍的雞尾酒女服務生。自從「競技場劇院」開幕後，全球知名歌手駐場演出都會選在此地，如席琳·狄翁(Celine Dion)、瑪麗亞·凱莉(Mariah Carey)、艾爾頓·強(Elton John)、瑪丹娜(Madonna)和史汀(Sting)等。

占地廣闊的凱薩宮

噴泉、石雕，歡迎來到凱撒宮酒店

羅馬商場 The Forum Shops 裡面，各式商品應有盡有

亞特蘭提斯噴泉秀

火鶴酒店
● Flamingo Las Vegas

火鶴酒店螢光粉和亮橘色的火鶴羽毛霓虹標誌，是拉斯維加斯的典型傳奇地標。雖然身為The Strip上第一家賭場酒店，但原始酒店的設施早已全數更換。現今此處最吸引人的設施是種滿了棕櫚樹的島嶼鳥園，裡面有代表「Flamingo」的火鶴供民眾欣賞。

火鶴霓虹要在晚上看才顯得經典

路克索酒店
⚜ Luxor Las Vegas

　　路克索酒店建於1993年，與石中劍酒店同屬 The Strip 上最早期的主題飯店。它高達350英呎的埃及金字塔和10層樓高的人面獅身像，讓人彷彿到了埃及。酒店內部裝潢更是模仿埃及地標「拉美西斯二世神殿」，讓路克索酒店在早期成為 The Strip 上最具特色、最吸睛酒店之一，金字塔頂端還會發射出423億燭光，照亮高達10英里的夜空。

知名的人面獅身像搬到賭城一樣超吸睛

曼德勒海灣酒店
⚜ Mandalay Bay Resort & Casino

　　拉斯維加斯雖位在沙漠中，但旅客們同樣能從Y字型的曼德勒海灣酒店感受到滿滿的熱帶海島風情。酒店以熱帶珊瑚礁作設計主軸，採用亞洲寶塔和龍等設計外觀，打造人工白沙衝浪海灘，用機器不斷製造海浪，讓人彷彿置身熱帶小島。夏季時，海灘會變身室外演唱會，讓遊客們在沙漠中奢侈地享受陽光、沙灘和音樂。

　　曼德勒海灣酒店同時擁有全世界最大的水族館「鯊魚礁水族館」。130萬加崙的水箱內有超過1,200種鯊魚、稀有魚類、魟魚、海龜、鱷魚和各種海中生物，尤以「鯊魚隧道」最為知名，遊客們可透過透明隧道觀賞。

路克索酒店
#地址　3900 S. Las Vegas Blvd, Las Vegas, NV 89109
#電話　702-262-4000，1-877-386-4658
#房價　$
#星級　★★★★
#網址　luxor.mgmresorts.com
#推薦景點或體驗　鐵達尼號文物展 Titanic：The Artifact Exhibition、人體展 Bodies:The Exhibition、藍人樂團表演 Blue Man Group、太陽劇團於2019秋季最新推出的現場動作懸疑劇 R.U.N by Cirque du Soleil、上空秀 Fantasy

曼德勒海灣酒店
#地址　3950 S. Las Vegas Blvd, Las Vegas, NV 89109
#電話　+1-877-632-7800
#房價　$$
#星級　★★★★★
#網址　mandalaybay. mgmresorts.com
#推薦景點或體驗　鯊魚水族館 (Shark Reef)、太陽馬戲團 Michael Jackson One

曼德勒海灣酒店在陽光照射下顯得金碧輝煌

美高梅酒店
MGM Grand

好萊塢美高梅影業旗下的美高梅酒店是賭城最大的賭場酒店，擁有5,044間房間，占地17萬平方英呎，翡翠綠的酒店前有著象徵美高梅製片的銅獅駐守。酒店內的「The Great Garden Arena」是眾多A咖樂團及歌手首選的演唱會舉辦地，華人巨星至拉斯維加斯舉行世界巡迴演唱也多選擇此地。

這裡最受歡迎的娛樂活動，莫過於以熱門美劇《CSI犯罪現場》為靈感的「CSI：The Experience」體驗。遊客們將透過劇中主角所錄製的影片，讓刑事鑑識學家帶領著一同偵查一系列虛擬犯罪刑案。

不愧是Vegas最大的賭場酒店

代表美高梅的銅獅聳立於入口

美高梅酒店
#地址 3799 S. Las Vegas Blvd, Las Vegas, NV 89109
#電話 +1-877-880-0880
#房價 $$
#星級 ★★★★
#網址 mgmgrand.mgmresorts.com
#推薦景點或體驗 犯罪現場體驗CSI：The Experience、太陽馬戲團Kà by Cirque du Soleil、街舞表演秀 Jabbawockeez、大衛・考柏菲 (David Copperfield) 魔術秀、夜店Hakkasan

紐約紐約酒店
#地址 3790 S. Las Vegas Blvd, Las Vegas, NV 89109
#電話 +1-866-815-4365
#房價 $
#星級 ★★★★
#網址 newyorknewyork. mgmresorts.com
#推薦景點或體驗 大蘋果雲霄飛車、太陽馬戲團Zumanity by Cirque du Soleil

紐約紐約酒店
New York-New York Hotel & Casino

自由女神像高舉著火炬、屹立不搖地站在拉斯維加斯人潮最擁擠、最繁忙的The Strip交叉路口，鄰近的帝國大廈、克萊斯勒大廈、布魯克林橋、紐約中央車站和紐約公共圖書館等曼哈頓知名地標簇擁著她。紐約紐約酒店似乎把紐約的天際線搬到了拉斯維加斯。從30年代木板的大廳，到紐約時代廣場的賭場和美食區，再再讓人彷彿置身紐約。

在賭城看見紐約

充滿南洋風情

夢幻金殿酒店
🌀 The Mirage

酒店內的中庭有充滿異域風情的植栽、以南洋島嶼為主題的廣場、熱帶花園、藍色珊瑚礁和瀑布。著名的火山爆發秀於每晚20、21、22時定時上演。

不同於The Strip上大多數的賭場酒店，夢幻金殿酒店內的「祕密花園與海豚復育區」(Siegfried & Roy's Secret Garden and Dolphin Habitat)適合闔家前往。250萬加崙的海豚人工池飼有多種稀有海豚及瓶鼻海豚；而「祕密花園區」則模擬野生生態，有瀕臨絕種或稀有的白虎、獅和豹等動物。

#地址　3400 S. Las Vegas Blvd, Las Vegas, NV 89109
#電話　702-791-1111，+1-800-374-9000
#房價　$$
#星級　★★★★
#網址　mirage.mgmresorts.com
#推薦美食　炭火牛排 Heritage
#推薦景點或體驗　火山秀、祕密花園與海豚復育區(Siegfried & Roy's Secret Garden & Dolphin Habitat)、太陽馬戲團 The Beatles LOVE by Cirque du Soleil

模擬野生生態的祕密花園

適合闔家前來的海豚復育區

惟妙惟肖的巴黎鐵塔讓人彷彿真正來到了巴黎

巴黎酒店
#地址　3655 S Las Vegas Blvd, Las Vegas, NV 89109
#電話　702-946-7000，1-877-796-2096
#房價　$
#星級　★★★★
#網址　www.caesars.com/paris-las-vegas
#推薦美食　走溫馨路線、有著絕佳 Bellagio 水舞視野的平價法式美食餐廳 Mon Ami Gabi
#推薦景點或體驗　艾菲爾鐵塔體驗 The Eiffel Tower Experience

石中劍酒店
#地址　3850 S Las Vegas Blvd, Las Vegas, NV 89109
#電話　702-597-7777
#房價　$
#星級　★★★
#網址　excalibur.mgmresorts.com
#推薦景點或體驗　騎士長槍比武秀 Tournament of Kings、澳洲猛男秀 Thunder From Down Under

金銀島酒店
#地址　3300 S Las Vegas Blvd, Las Vegas, NV 89109
#電話　702-894-7111，+1-800-288-7205
#房價　$$
#星級　★★★★
#網址　www.treasureisland.com
#推薦景點或體驗　太陽馬戲團 Mystère by Cirque du Soleil、復仇者聯盟展 (Marvel Avengers S.T.A.T.I.O.N.)

巴黎酒店
Paris

除了埃及、義大利威尼斯和紐約外，拉斯維加斯也把巴黎搬到了 The Strip 上。整間酒店充滿了巴黎風，更有超吸睛的巴黎地標如艾菲爾鐵塔、羅浮宮、凱旋門、巴黎市鎮廳以及歌劇院聳立在酒店四周。

連賭場內部也仿造巴黎的街道

彷彿來到了歐洲

巴黎地標凱旋門這裡也看得見

晚間的巴黎酒店顯得格外浪漫

石中劍酒店
Excalibur Hotel & Casino

石中劍酒店屬於 The Strip 上最早期的主題酒店之一，以亞瑟王和圓桌武士為主題靈感，重現中古世紀的奇幻王國，而城堡式的設計更讓它受到小朋友們的喜愛。

一下高速公路，就在拉斯維加斯大道和 Tropicana Ave 轉角的 Excalibur

金銀島酒店
Treasure Island(TI)

金銀島酒店的靈感來自小說《金銀島》。但隨著時代趨勢，原本的海盜主題已被藍色珊瑚礁、巨型岩石、灌木和棕櫚樹取代。

簡稱為 TI 的金銀島酒店，色彩鮮明的招牌極具特色

好萊塢星球賭場度假村
Planet Hollywood Resort & Casino

這間以好萊塢電影為主題的現代賭場酒店，位於 The Strip 中心，被「奇蹟哩商店街」(Miracle Mile Shops) 環繞，擁有 2,567 間客房和名人主題套房。知名歌手如小甜甜布蘭妮、流行搖滾天后關·史蒂芬妮和樂壇天后瓶中精靈克莉絲汀等都曾在此表演。

與購物中心 Miracle Mile 相連

度假村的門口車水馬龍

每塊 Vegas 的招牌都在爭奪人的眼球

威尼斯人酒店和宮殿酒店
The Venetian & Palazzo Resort Hotel Casino

身為賭城最經典、著名的巨型主題奢華酒店，威尼斯人酒店細膩地複製了威尼斯的美麗，酒店內設計採用奢華大理石地磚、彩繪鍍金圓頂天花板、邊框 24K 金的手繪壁畫、義大利文藝雕塑，和仿真知名威尼斯繪畫做陳設。室外也完美重現有聖馬可廣場、總督宮、里阿爾托橋，和俯瞰威尼斯大運河的聖馬可鐘樓。視覺享受外，唱著經典名曲的船伕駛著木製貢多拉船，讓遊客享受置身水都的文藝浪漫情懷。

威尼斯人酒店的色調帶了點義大利風情

建築物的圖騰很有文藝情懷

金碧輝煌的天花板

模仿威尼斯運河

好萊塢星球賭場度假村
#地址　3667 S. Las Vegas Blvd, Las Vegas, NV 89109
#電話　+1-866-919-7472
#房價　$
#星級　★★★★
#網址　www.caesars.com/planet-hollywood
#推薦購物　奇蹟哩商店街
#推薦景點或體驗　鬼才魔術師的幻象表演秀 Criss Angel Mindfreak、舞孃秀 Crazy Girls

威尼斯人酒店和宮殿酒店
#地址　3355 S. Las Vegas Blvd, Las Vegas, NV 89109；3325 S. Las Vegas Blvd, Las Vegas, NV 89109
#電話　702-414-1000，702-607-7777
#房價　$$
#星級　★★★★★
#網址　www.venetian.com
#推薦美食　米其林三星主廚法式餐廳 Bouchon、義式冰淇淋攤 Cocolini Gelato、平價中式料理且以牛肉麵著稱的 Noodle Asia (如意麵家)、洛杉磯名廚頂級牛排餐廳 CUT by Wolfgang Puck
#推薦購物　大運河購物中心 (Grand Canal Shoppes)
#推薦景點或體驗　貢多拉船 Gondola Rides、杜莎夫人蠟像館 Madame Tussauds Las Vegas

拉斯維加斯永利＆安可酒店
🌀 Wynn Las Vegas & Encore Hotel

#地址　3131 S Las Vegas Blvd, Las Vegas, NV 89109
#電話　702-770-7000
#房價　$$$
#星級　★★★★★
#網址　www.wynnlasvegas.com
#推薦美食　精緻高級自助餐 The Buffet
#推薦購物　Wynn Esplanade
#推薦景點或體驗　水上馬戲團秀 Le Réve、夢想之湖 Lake of Dream、夜店 XS

當大家仍沈迷於主題酒店時，拉斯維加斯永利＆安可酒店卻反向而行，鎖定頂級客群，走低調時尚奢華風，憑藉著圓弧形古銅玻璃外觀、茂密的綠色樹林，未開幕即造成轟動。

一踏入酒店，遊客即可感受到其富麗堂皇的內部裝潢。在入口中庭處，絲綢花球裝飾而成的美麗花園吸引眾人目光，而酒店中央則有著閃閃發光、落在湖面的瀑布川流，襯著超過1,500棵樹木、140英呎高人造山背景，搭配燈光與音樂的「夢幻之湖」，十分吸睛。這座獨特的圓形湖畔劇場被商店和餐廳環繞，時不時會有戲劇表演上演。

拉斯維加斯永利＆安可酒店的高質感也延伸到酒店內所有設施和相鄰、同體系的Encore酒店，賭場、美食餐廳、夜店和夜間娛樂樣樣不少，更別提室內頂級精品購物步道街區 Wynn Esplanade 了！

奢華的精品街

一走進酒店可以看到絲綢花球裝飾的美麗花園

夢幻之湖的餐廳

如同金磚一樣的永利酒店和安可酒店在陽光下閃閃發光

其他推薦酒店

馬戲團酒店
Circus Circus

位於The Strip最北端的馬戲團酒店如其名,以「馬戲團」為主題,是全球最大的永久馬戲團遊樂中心。身為賭城少數適合家庭攜帶孩童前往度假的賭場酒店,有著免費的雜耍特技馬戲團表演,內部也有不少兒童遊樂設施,包含全美最大室內遊樂園「冒險巨蛋樂園」。

地址:2880 S Las Vegas Blvd, Las Vegas, NV 89109

雲霄塔
Stratosphere Casino, Hotel & Tower

位於The Strip最北端,擁有高達1,149英呎的高塔,是賭城地標,更是美國密西西比河以西最高建築。在觀景台上,遊客可一飽賭城的百萬天際美景,還可於景觀餐廳Top of the World用餐。

此外,喜愛刺激的民眾也可來這挑戰一飛沖天至160英呎的「自由落體」(Big Shot)、讓人驚聲尖叫的世界最高鞦轣翹翹板「極限尖叫飛船」(X Scream)、懸浮於64英呎高空的高速旋轉八爪魚設施「瘋狂輪轉」(Insanity)和挑戰勇氣的「高空彈跳」(Sky Jump),保證讓你大呼過癮!

地址:2000 S Las Vegas Blvd, Las Vegas, NV 89104

適合攜帶孩童前來、老少閒宜的馬戲團酒店

聳立賭城燦藍天空的Stratosphere

棕櫚樹賭場度假村
♣ Palms Casino Resort

隨著 The Strip 上各式賭場酒店如雨後春筍般不斷冒出和更替，離 The Strip 不遠處的 Palms 逐漸沒落，為了吸引人潮回歸，Palms 斥資 $6.9 億美元，以藝術為主軸進行大整修。重新開幕的「Kaos」取代了原本的 Ghostbar，提供占地兩層樓、7 萬多平方英呎的室外白天俱樂部專供客人舉辦泳池派對；近 3 萬平方英呎的室內夜店，則融合了希臘風格、傳統劇院螢幕和現代科技，利用 360 度旋轉的 DJ 台和 Vegas 最大的 LED 牆，吸引喜愛派對的年輕男女，成為現在最夯的夜店之一！

地址：4321 W Flamingo Rd, Las Vegas, NV 89103

硬石賭場酒店
♣ Hard Rock Hotel & Casino

Hard Rock 雖不位在 The Strip 上，卻也同樣受歡迎。身為搖滾聖殿，它的設計從裡到外都走搖滾風，有著巨型立體霓虹吉他看板聳立於賭場前吸引眾人目光，圓形賭場內也陳設搖滾巨星們的無價紀念品，如艾爾頓・強的鋼琴、貓王的連身裝、復古唱片，和入口處由 32 把鍍金薩克斯風組成的巨型吊燈等。近來由好萊塢男星 Channing Tatum 監製、與系列電影同名、讓人血脈噴張的「Magic Mike Live」猛男秀推出大受歡迎，替 Hard Rock 重新帶回了人潮。

地址：4455 Paradise Rd, Las Vegas, NV 89169

搖滾名人紀念品展示區

搖滾巨星們的吉他

重新翻修完的 Palms 既現代又大氣

大廳門口可愛的標誌

離開 Vegas 時也別忘了來這拍照打卡。小心開車，歡迎你不久之後再次蒞臨賭城

內行人小祕密

歡迎來到拉斯維加斯

歡迎來到拉斯維加斯 (Welcome to Fabulous Las Vegas, Nevada) 位在 The Strip 南方盡頭，但停車位極少，建議停鄰近區域再步行前往。若想要避開人潮，建議可於晨間約 09:00 之前前往，這時家庭和團體大多還在旅館休息。小叮嚀：來往車輛極多，請小心！

新潮賭場酒店
MODERN VEGAS CASINOS & HOTELS

City Center 與阿麗雅度假酒店
♣ City Center and ARIA Resort & Casino

位於 The Strip 中心的 City Center 由全球最知名的8位建築師採用「城中城」和「永續能源」的概念打造。這全美最貴的私人度假社區，包含賭場酒店、SPA沙龍、Crystals購物中心、一般住宅區和藝廊。其中的阿麗雅度假酒店擁有4,004間採用高科技和整片環景落地窗的客房，絕佳的視野讓入住的旅客們能將 The Strip 美景和拉斯維加斯天際線盡收眼簾。

一棟棟玻璃建築讓人彷彿進入未來世界

維德拉國際豪華套房酒店
♣ Vdara Hotel & Spa

維德拉國際豪華套房酒店與華爾道夫拉斯維加斯酒店是 The Strip 上唯二沒有賭場且禁菸的酒店。高達57樓，設計走現代輕奢公寓風，客房皆為套房，與阿麗雅度假酒店屬於 City Center 的一部分。

酒店入口接送處

被玻璃帷幕圍繞的大氣酒店大門

維德拉酒店的戶外泳池區域

**City Center 與
阿麗雅度假酒店**
#地址　3730 S Las Vegas Blvd, Las Vegas, NV 89109
#電話　702-590-7111
#房價　$$
#星級　★★★★★
#網址　aria.mgmresorts.com
#推薦美食　由美籍明星主廚 Michael Mina 所開設的高級、20年代氛圍法式料理酒吧餐廳 BARDOT Brasserie
#推薦購物　Crystals

維德拉國際豪華套房酒店
#地址　2600 W Harmon Ave, Las Vegas, NV 89158
#電話　+1-866-745-7767
#房價　$$
#星級　★★★★★
#網址　vdara.mgmresorts.com

拉斯維加斯大都會酒店
The Cosmopolitan of Las Vegas

位於 Bellagio 及 CityCenter 間的拉斯維加斯大都會酒店，讓人聯想到《慾望城市》中凱莉最喜愛的雞尾酒及兩性時尚雜誌《柯夢波丹》，酒店整體設計也是走現代時尚路線，巨型高跟鞋以及霓虹紫光吊燈珠簾超級吸睛，是許多都會女性前往拉斯維加斯住宿的首選。

這間酒店位於 The Strip 中心，地理位置無可匹敵。擁有各式美食知名夜店及泳池派對俱樂部 Marquee，讓大都會它成功受到年輕世代青睞，成為 The Strip 上最受歡迎也最高價的賭場酒店之一。來到這千萬別忘了跟賭場內的巨型高跟鞋一同照相喔！

酒店大廳的天花板與柱子都用鏡面鋪成

大都會酒店的室內可見霓虹紫光吊燈珠簾

充滿童玩趣味感的美式酒吧餐廳

巨型高跟鞋可以容納一個小孩

拉斯維加斯大都會酒店
#地址　3708 S Las Vegas Blvd, Las Vegas, NV 89109
#電話　702-698-7000
#房價　$$$
#星級　★★★★★
#網址　www.cosmopolitanlasvegas.com
#推薦美食　採用新鮮有機食材的美式漢堡餐廳 Holsteins、精緻時尚自助餐 Wicked Spoon
#推薦景點或體驗　高跟鞋、吊燈珠簾、Marquee 夜店

拉斯維加斯華爾道夫酒店
#地址　3752 S Las Vegas Blvd, Las Vegas, NV 89109
#電話　702-590-8888
#房價　$$$
#星級　★★★★★
#網址　bit.ly/2He4wrm

拉斯維加斯華爾道夫酒店
Waldorf Astoria Las Vegas

前身為「文華東方酒店」(Mandarin Oriental)，現屬希爾頓集團旗下的頂級奢華系列酒店，「華爾道夫」(Waldorf Astoria) 位於 City Center 內，與維德拉同樣沒有賭場。裝潢走東方神祕風，以擁有可一賞賭城璀璨美景視野的 Sky Bar 著稱。大廳位於 23 樓，登記入住時請記得搭電梯直達，別走錯地方。

夕陽時刻拍下的魔幻時刻

拉斯維加斯美高梅公園酒店、諾馬德飯店
✿ Park MGM & NoMad Las Vegas

前身為經典主題酒店 Monte Carlo Resort and Casino，現為 Park MGM，入住時全部採自助式電腦 check in。此外，其部分高樓層被改裝為頂級精緻時尚旅店 NoMad Hotel。旅客入住時，酒店還分發一隻旅館的 iPhone，讓這些頂級旅客可無縫使用酒店內設施！

Lady Gaga 宣布於 2019～2020 年於 Park MGM 駐場演唱。

Eataly Las Vegas

這裡最大的噱頭是義大利美食市集中心 Eataly。遊客可在此嘗到各種正宗義大利在地料理，尤其是「Il Fritto」的義式在地炸物小吃和「La Pasta Fresca」的現製手工義大利麵。

Best Friend

掀起新一波餐車風潮的名廚 Roy Choi 也來拉斯維加斯攻城掠地了！他以最擅長的韓式融合墨西哥料理開設了「Best Friend」，菜單除了包含其走紅 LA 的經典菜肴外，也新增了賭城特有的菜色，讓人大飽口福！（請記得先預約訂位喔！）

酒店採用電腦或手機自助式 check in

Best Friend 鮮黃明亮的招牌，絕對不會錯過

#地址　3770 S Las Vegas Blvd, Las Vegas, NV 89109
#電話　+1-833-706-6623
#房價　$$；$$$
#星級　★★★★，★★★★★
#網址
parkmgm.mgmresorts.com，
nomadlasvegas.mgmresorts.com
#推薦美食　義大利美食市集中心 Eataly Vegas、洛杉磯「街頭之父」主廚的韓墨創意料理 Best Friend
#推薦景點或體驗　T-Mobile Arena & The Park、流行天后 Lady Gaga 駐場演唱「Lady Gaga Enigma」

口味道地又特殊的義大利麵，和我吃過最好吃的炸花枝圈

Roy Choi 最有名的韓墨混合料理 Kogi Taco

裝潢如夜店酒吧般、融合東西方風格的 Best Friend

義大利美食市集中心

從摩天輪上欣賞Vegas的璀璨夜景

林尼克賭場酒店
✺ The LINQ Hotel & Casino

摩天輪遠觀景象

林尼克賭場酒店擁有世界最高的觀景摩天輪「High Roller」，可飽覽賭城美景。遊客若購買「Happy Half Hour」套票，每人只需花$40即可搭乘一趟30分鐘的摩天輪，還可在摩天輪內的小酒吧點酒，以賭城雞尾酒價位來說，這真是太划算！

此外，通往摩天輪的室外行人步道LINQ Promenade兩側也有許多餐廳和商店，走累了可試試連歐巴馬也愛的Canter's Deli及全美最好吃漢堡In-N-Out。

#地址 3535 S Las Vegas Blvd, Las Vegas, NV 89109
#電話 +1-800-634-6441
#房價 $
#星級 ★★★★
#網址 www.caesars.com/linq
#推薦景點或體驗 High Roller、The Strip上唯一的空中鋼索飛行 FLY LINQ

白天的 The LINQ

有著酒吧的摩天輪

賭場吃到飽自助餐
BEST BUFFETS IN VEGAS

除了享用賭場酒店的建築和設施，體驗來自世界各地的頂級美食及 All-You-Can-Eat 自助餐也是重要的賭城體驗。賭場們早就發現平價又大量的食物可將賭客留在賭場內，因此 The Strip 上第一家酒店「El Rancho Vegas」全天候營業吃到飽的「炊事馬車」(類似今日美式街頭餐車) 便是以「數量」取勝「質量」，用肉類和點心留住賭客，既替賭場省下24小時餐廳的大筆花費，又能讓賭性堅強的深夜賭客不至於飢腸轆轆，間接催生了現今的賭城自助餐。

拉斯維加斯的 buffet 餐廳高達70幾家，有著來自世界各國的料理，各有特色，從平價美式 comfort food 到高級精緻、讓人大快朵頤的海鮮、甜點或異國美食，樣樣都有。

建議大家可於早午餐時間前往，既可避開人潮，價錢也較合理。通常流程會是：先於餐廳櫃檯前排隊以人頭計費、付費，再由服務人員帶領至指定坐位，點飲料後再離位前去各料理台選擇自己想要的餐點，裝盤回座位享用。用餐完畢請記得於桌上留下每人 $1～2 美元的小費。(切勿擅自移動、更換桌位！)

Bacchanal Buffet ≫賭城最棒、最豐富的自助餐

全賭城最棒、最多菜色、最奢靡的 buffet 位於「凱薩宮」的「Bacchanal Buffet」。頂級廚師們協力烹調9國異國料理、不時變換超過500樣的菜肴，包含頂級肋排、澳洲羊排、港式點心、越南河粉、日式壽司、新鮮帝王蟹腿和生蠔，是熱愛海鮮者的天堂。此外，現點現做的可麗餅也極受歡迎。

邪惡的甜點們

凱薩宮的頂級廚師們

高級海鮮任點任選

眾多甜點任君挑選

肉品包含頂級肋排、澳洲羊排

美味的小漢堡

#所在賭場　凱薩宮 (Caesars Palace)
#電話　702-731-7928
#價位　$$$
#營業時間　平日 07:30～22:00；週末 08:00～22:00

The Buffet at Wynn
所在賭場　拉斯維加斯永利
(Wynn Las Vegas)
電話　702-770-3340
價位　$$$
營業時間　每日 07:30～21:30

Wicked Spoon
所在賭場　拉斯維加斯大都會
酒店 (The Cosmopolitan of Las Vegas)
電話　+1-877-893-2001
價位　$$
營業時間　週日～四 08:00～21:00；週五、六 08:00～22:00

The Buffet at Wynn
≫最美高級自助餐

　　Wynn 的「The Buffet」有15個開放式現場料理台，提供超過120道完美呈現的菜肴，包含烤牛排、新鮮海鮮和讓人看得垂涎三尺的眾多甜點。此外，四處可見的花卉裝飾讓人彷彿在花園內用餐，被認為是賭城最美、最奢華的自助餐餐廳！

Wicked Spoon
≫時尚精緻自助餐

　　「拉斯維加斯大都會酒店」中的 Wicked Spoon 同樣走精緻、現代前衛風格，加入大多數 buffet 不常見的菜肴，包含炭烤骨髓、墨魚義大利麵、烤玉米、美式炸雞及精挑細選的多樣義式冰淇淋口味。此外，高品質的常見自助餐菜色和具創意的季節性料理，也深受大眾喜愛。

Wicked Spoon 的排隊處

Wicked Spoon 招牌

Wicked Spoon 有提供圓桌給人數較多的客人

Wicked Spoon 的風格精緻且現代前衛

其他賭場Buffet

除了以上提及的各賭場美食餐廳及自助餐外，在披薩界贏得11面國際披薩賽事金牌的Tony Gemignani的「Pizza Rock」也不容小覷，千萬別忘了點份贏得全球披薩盃冠軍的「Margherita」披薩，每天只限量手作73片喔！地址：201 N 3rd St, Las Vegas, NV 89101

下列幾家buffet也很推薦：

賭場酒店	地址	Buffet	特色
Palms	4321 W Flamingo Rd, Las Vegas, NV 89103	A.Y.C.E. Buffet (All You Can Eat)	明亮的空間、各式不同主題的料理站，還有專門的健康蔬食區，跟上最近的養身飲食風潮
ARIA	3730 S Las Vegas Blvd, Las Vegas, NV 89158	The Buffet	無限暢飲的各式酒類，它的正宗印度坦都土窯爐和爐烤美食很有特色
M Resort	12300 S Las Vegas Blvd, Henderson, NV 89044	Studio B Buffet	較低廉的價位。無限暢飲的酒精類飲料，其off-the-Strip的地理位置及每週末全天候供應新鮮海鮮的特點，極受在地人喜愛

A.Y.C.E價錢很親民

A.Y.C.E現點現做的歐姆雷蛋

A.Y.C.E的buffet，終於有健康的自助餐可吃

必看賭城秀
BEST SHOWS IN VEGAS

看秀是賭城體驗的精華之一。無論是世界聞名的太陽馬戲團、老少皆宜的魔術秀，或成人男女喜愛的上空秀，甚至是歌手的駐點演唱，賭城夜夜都有70多場秀同時上演！

購票方法

建議大家去賭城前先查詢表演秀時間，事先買票，才不會浪費時間及金錢。通常時間較早、週日～四的票價會較便宜。以下還有些省錢購票祕技。

✓ 線上訂、購票：規畫行程前，可先上折扣優惠網站購票，並選取較好的位置，如vegas.com。若打算欣賞超過一場表演秀，可先購買其中之一，待收到網站的確認信和折扣碼之後，再使用折扣碼購買另一場的票。

✓ 當天半價票：若想來趟隨性旅程，可至位於Fashion Show或Planet Hollywood裡的售票亭「Tix4tonight」，直接購買近半價的現場票。

✓ Last-Minute購票：若不介意購買非相連的座位，也可於開演2小時前，至售票亭詢問是否有單個位子的折扣票。

太陽馬戲團(Cirque du Soleil)表演秀

太陽馬戲團是Vegas最熱門、最知名的馬戲團秀。有別於傳統馬戲團，太陽劇團在劇情中加進了主題，以視覺、聲光效果堆疊故事，編織出一個屬於大人的異想世界。

推薦《Michael Jackson One》：太陽馬戲團總共推出了2齣以流行音樂天王麥可‧傑克森為主題的秀，第一齣是「MJ不朽傳奇巡演(The Immortal Wolrd Tour)」，曾在台灣演出。第二齣則是「麥可傑克森：獨一無二(One)」，同樣由不朽傳奇巡演的導演和編劇Jamie King所執導、撰寫，帶大家穿越時光，內容聚焦在那些被社會視為格格不入的人

們透過天王的著名歌曲進入一個充滿勇氣、童趣和愛的世界。這齣劇不僅展現了MJ的藝術天分和生活態度，劇中耳熟能詳的音樂和活力、聲光十

足的太陽劇團馬戲表演及MJ經典舞步，更讓它自2013年於Madalay Bay賭場首演後，即成為太陽劇團在賭城最受歡迎、歷久不衰的劇碼之一。

One震撼開場

打扮成麥可傑克森的表演人員與觀眾互動

聲光效果十足

《O》：O是太陽馬戲團在賭城最知名的表演秀，取自法文「水」(eau)的諧音，整齣劇也以「水」為中心。水中舞者驚心動魄地穿梭在7個水壓升降台組合的巨型水池間。

《Zumanity》：這是劇團第一齣成人主題劇，以動物般原始、粗俗的人性(Zoo + Humanity)作為劇情主軸探討人類性向，充滿性暗示卻又滑稽、趣味十足。這齣劇使用異國風音樂、舞蹈、劇情，可說是太陽馬戲團中最煽情、性感的一齣劇。

《The Beatles Love》：以英國傳奇樂團「披頭四」的經典歌曲作主軸，讓人再次體驗樂團的發展史。（座椅底下的內建音響讓人彷彿跟著音樂搖動呢！）

《Kà》：除了經典的「音樂、空中雜技、舞蹈」，Kà還加上武術、木偶戲、煙火及多媒體聲光。劇情靈感來自埃及信仰。觀眾將跟隨兩位王室雙胞胎踏上險惡之旅，克服重重困難。

《Mystère》：這齣魔幻劇碼是太陽馬戲團最早期創作之一，算是此地CP值最高的秀，也是劇團最長壽的一齣戲。觀眾將踏上一趟由日本太鼓作為背景、震攝人心的魔幻旅程。

《R.U.N.》：2019年太陽馬戲團首度嘗試現場動作懸疑片。荒漠、婚禮禮堂、幫派、逃亡，彷彿將人帶回黑幫控制的年代，感受驚險刺激的黑暗賭城。

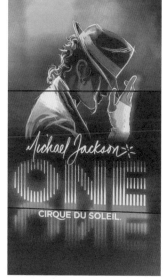

Michael Jackson One是太陽馬戲團最受歡迎的劇碼之一

以披頭四重奏歌曲為主題的《LOVE》

── 內行人小祕密 ──

《Le Rêve》

這齣劇同樣以「水」作為主要元素，幻化出一個由美麗、神祕角色所占據的彩色世界。《Le Rêve》的360度圓形環繞水池舞台，讓觀眾無論從任一角度、位置，都能擁有絕佳的視野。驚人的藝術體操搭配現場的音樂和精細特效，觀眾將完全融入魔幻、冒險和驚奇的水中世界。

成人娛樂秀

　　賭城歷史最悠久的成人上空秀,是由8位萬中選一的Showgirl隨著音樂擺動起舞的Crazy Girls。

　　既然有迎合男性的上空秀,當然也有福利女性的猛男秀!除了經典猛男秀Thunder from Down Under和Chippendales外,由男星Channing Tatum監製的《Magic Mike Live》更是後起之秀!

　　《Magic Mike Live》中,男舞者不只帥氣健美、舞技高超,還專擅歌唱、武術、空中雜技等技能,將電影的經典橋段、舞步重現,再加上煽情優美的雙人舞蹈,直接與現場女性觀眾互動,讓所有女性為之瘋狂!

舞台位於正中央,方便舞者與在場觀眾互動

來看猛男秀當然也要穿得火辣一些

讓女性們驚聲尖叫不已的猛男舞者們就在眼前熱舞

凌空演奏的猛男

魔術秀

　　《David Copperfield》:傳奇幻術家大衛·考柏菲(David Copperfield)在魔術界有著不可磨滅的地位,無論是將自由女神像變不見或穿越長城的幻術,至今都讓人念念不忘。他的幻象秀2013年起於MGM Grand上演,吸引世界各地的人前往朝聖。

知名幻術大師大衛·考柏菲的銅像

《Blue Man Group》：綜藝秀是闔家大小都適合觀賞的表演秀類型，其中又以《藍人劇團》最為知名。塗成藍色的光頭男子，以喜劇、打擊樂、繪畫、雜耍表演，帶領觀眾踏上科技和音樂組成的多重感官之旅。

《Jabbawockeez》：曾獲得MTV台「美國最佳舞蹈團體」首屆冠軍一砲而紅的嘻哈街舞團體Jabbawockeez，戴著白面具、白手套，憑著高超舞技在世界街舞圈迅速走紅，成為賭城第一個擔任駐場表演的舞蹈團體。他們最新的劇碼「JREAMZ」於MGM Grand演出。

Lady Gaga人型駐場秀展廳

Jabbawockeez舞團的經典打扮

Jabbawockeez的招牌面具

等待JDREAMZ精采開場

───── 內行人小祕密 ─────

知名歌手駐唱（Headliner Shows）

Vegas的秀分為大型製作的劇場秀及由知名藝人或歌手駐場、如演唱會般的個人秀，艾爾頓‧強、小甜甜布蘭妮、新好男孩、席琳‧狄翁等都曾擔任headliner駐唱。2019～2020年則有Lady Gaga於Park MGM駐場表演。

世上很難有一個城市的夜生活能與賭城相比。霓虹閃爍的夜生活從入夜至天明,讓人放縱狂歡,忘了身在何處。

夜店

Omnia

Omnia 夜店有著能飽覽 The Strip 美景的露天吧台、超強電音 DJ,至今仍獨占夜店龍頭地位。知名的 DJ 如 Calvin Harris、Afrojack 常在這駐場,連 Justin Bieber 也曾在這慶生!

地址:3570 S Las Vegas Blvd, Las Vegas, NV 89109。營業時間:週二、四~日 22:30~04:00,週一、三公休

XS

位於 Encore 的 XS 不僅是世上營收最高的夜店之一,也曾連莊名列全美百大夜店和酒吧,每年都有 A 咖名人 DJ 如 Zedd、will.i.am、Marshmellow 和 Diplo 駐場。

地址:3131 S Las Vegas Blvd, Las Vegas, NV 89109。營業時間:週五~日 22:30~04:00,週一~四公休

Hakkasan

高達 5 樓的 Hakkasan 有著超強 DJ 陣容,Tiesto、Steve Aoki 和 Calvin Harris 都是駐場常客。裡面餐廳、VIP 包廂、東方主題花園和以整面落地 LED 螢幕裝飾的 DJ 舞台,皆奢華到不可思議。

地址:3799 S Las Vegas Blvd, Las Vegas, NV 89109。營業時間:週四~日 22:30~04:00,週一~三公休

賭城最夯夜店之一 Omnia

極盡奢華的 XS,也難怪它是世上營收最高的夜店之一

泳池派對

Vegas白天的狂歡海灘派對(Day Clubs)一點都不遜色於晚上的迷幻派對！

Encore Beach Club

位於Wynn的Encore Beach Club是夏季限定，只於4～10月開放。外觀看來像豪宅的exclusive house party，內部則以紅白強烈色彩對比打造出Vegas最熱門的泳池派對開闊空間。The Chainsmokers、David Guetta和Major Lazer都是這的駐場DJ。

地址：3131 S Las Vegas Blvd, Las Vegas, NV 89109

Marquee Night Club & Day Club

除了夜店，Marquee白日時也幻化為泳池派對舉辦的場所，DJ週五～日在露天屋頂播放著音樂。這裡共有8座小屋，每座都有私人SAP和無邊際泳池。

地址：3708 S Las Vegas Blvd, Las Vegas, NV 89109

Kaos Day Club & Night Club

這間夜店／泳池派對俱樂部2019開幕，以高達65英呎的裸身無頭惡魔「Demon With Bowl」雕像為中心，周圍圍繞著39個私人各自擁有無天際泳池的池畔小屋。每週五～日11:00～18:00時舉辦泳池派對，邀來Marshmello、Cardi B、G-Eazy等大牌藝人助陣，不僅好玩，餐飲菜單也饒富創意。推薦嘗試「壽司遊艇」、派對拼盤、稀有的麥卡倫蘇格蘭威士忌，或賭城自產椰子水所調成的蘭姆雞尾酒。

地址：4321 W Flamingo Rd, Las Vegas, NV 89103

五光十色、讓人目眩神迷的夜店派對

夏日白天的泳池派對一樣high翻天，絕不比夜店遜色

在泳池派對秀身材並搭配酒精是必須的

Marquee內夜晚的電音派對

閃亮的緊身洋裝也很適合夜店跑趴

HOW TO GET IN 進夜店方式

1 提早排隊

若無女性友人同行,男性們幾乎不可能進夜店,因此建議男士們於22:30前先前往夜店排隊,才有機會入場。(但也要看promoter,通常還是要有女性友人同行比較不會被拒絕入場!)

2 善用社群媒體

只要在Instagram上貼出你瘋狂的賭城照片,加入合適hashtag,如#Vegas #VegasNightLife #夜店名(如#Omnia)等,許多夜店promoter或飯店禮賓人員就可能邀請你參加派對喔!

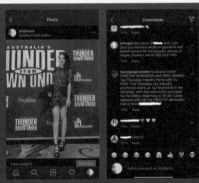

上傳照片後,就收到promoter的邀請了

3 女性們白天也要Dress to Impress

女生們若白日也穿得火辣,就極有可能收到promoter特別發送的夜店入場卷。白日的泳池派對通常較難免費進入,女性需花費\$20~40,男性們則可能花到\$200。每桌包廂花費約\$1,800~4,500美元不等。

內行人小祕密

DRESS CODE 穿得越性感越好

與越多火辣的美女朋友們一同前往跑趴,受邀免費進夜店的機會越高。若擔心沒有適合禮服,Vegas有「Rent the Runway」,可租借當季最新訂製服。男性則通常須在夜店門口排隊並付入場費或包廂開瓶費,且千萬別穿牛仔褲、球鞋,將會被拒絕入場喔!

娛樂費

許多酒吧和夜店都會在帳單上直接加上服務費和額外約8~10%的「娛樂費」,簽帳時要看清楚,若帳單上已包含,就無需再支付20%小費!

穿著火辣可當場受到promoter邀請進入夜店

穿得越火辣越好

其他體驗活動
THE ALTERNATE VEGAS EXPERIENCES

誰說來賭城一定要賭博？除了 The Strip 外，Vegas 也有全家大小都可盡興的地方。

弗蒙街體驗
Fremont Street Experience

為了幫拉斯維加斯市中心吸引人潮，政府推出天幕燈光秀「弗蒙街體驗」。長達5個街區的 LED 燈、55 萬瓦震耳欲聾的聲音，點亮黑夜！這裡也是拍照的好地點。

霓虹閃爍、讓人目眩神迷的老賭城

#地址　Fremont St, Las Vegas, NV 89101
#開放時間　全日
#票價　免費
#停留時間　2～3小時
#網址　vegasexperience.com

歡迎來到弗蒙街

Slotzilla 飛索在傍晚18點以前有優惠，晚上更熱鬧

最代表賭城歷史的幾個賭場

LED 天幕

#地址 707 Fremont St, Las Vegas, NV 89101
#開放時間 週一～週四11:00～00:00，週五～週日 10:00～02:00
#票價 免費
#停留時間 1小時
#網址 www.downtowncontainerpark.com

拉斯維加斯市中心貨櫃公園
Downtown Container Park

由 Zappos 創辦人 Tony Shsieh 打造，屬於市中心再造計畫的一部分，內含30家商店、酒吧、餐廳、藝廊、樹屋遊樂場，以及 Live 表演秀。

公園最大賣點是能噴出6樓高火焰的巨型噴火螳螂，由航太工程師兼藝術家的 Kirk Jellumc 花了3,000小時打造。黃昏時，歡迎加入圍繞著螳螂敲擊打鼓的鼓人們，享受4,000瓦音響的瘋狂音樂！

整個公園由貨櫃搭建

超大的招牌絕對不會錯過

巨型噴火螳螂是鎮園之寶

適合帶小朋友來玩

這裡很好拍

───── 內行人小祕密 ─────

其他推薦景點
- SlotZilla：高達12樓的高空飛索「SlotZilla」非常有名。
- Binions Casino：可在裡面與百萬美元現鈔拍照，感受拉霸中大獎的感覺！
- Fremont Hotel & Casino 和 4 Queens Hotel & Casino：街口很適合拍攝川流不息的人潮。
- Golden Nugget：擁有以白色大理石和金邊鋪成的外牆，是此處最大、最優雅的酒店，且還有重達61磅的全球最大金塊！

霓虹博物館
Neon Museum

霓虹博物館裡的「霓虹墓地」收藏超過150件經典霓虹燈，此外還有汰換更新後的老舊霓虹燈或裝飾，如Palms、New York–New York及Treasure Island等，每個標幟都有著獨特故事。

多彩的招牌讓它成為賭城熱門打卡景點

黑幫博物館
The Mob Museum

黑幫博物館的正式名稱為「國家組織犯罪和執法博物館」，這裡展出美國黑幫犯罪的文物、故事和當年官方針對這些罪犯組織所採取的行動。1951年知名「凱法爾·委員會」(Kefauver Committee)的犯罪組織聽證會，就在這裡舉辦。

醒目的招牌

阿拉丁神燈彷彿在訴說著賭城的過往

霓虹博物館
#地址　770 Las Vegas Blvd N, Las Vegas, NV 89101
#電話　702-387-6366
#開放時間　週一~四09:00~23:00，週五~日09:00~0:00
#票價　一般票可參觀時間為平日09:00~19:00，晚間20時之後開放 Brilliant! 秀

類型	票價
一般票	$22
導覽行程	$28
30分鐘Brilliant! 聲光影音秀	$23
導覽行程+30分鐘 Brilliant! 聲光影音秀	$42

#停留時間　1小時
#網址　www.neonmuseum.org

黑幫博物館
#地址　300 Stewart Avo, Las Vegas, NV 89101
#電話　702-229-2734
#開放時間　每日09:00~21:00
#票價　$26.95
#停留時間　1小時
#網址　themobmuseum.org

霓虹博物館園區不大，不過可以一窺 Vegas 的過去

─── 內行人小祕密 ───

其他推薦景點

你也可以多花一天的時間，開車至鄰近的紅石峽谷國家保護區(Red Rock Canyon National Conservation Area)、火焰谷州立公園(Valley of Fire State Park)或胡佛水壩(Hoover Dam)，又或者你可以到在地人才會去的中國城(China Town)，享用平價又好吃的各國美食！

中英對照表

迪士尼樂園 (Disneyland Park) 遊樂設施名稱

33俱樂部	Club 33	加州冒險樂園	California Adventure
巴斯光年星際歷險	Buzz Lightyear Astro Blasters	傑克船長	Jack Sparrow
白雪公主的驚魂之旅	Snow White's Scary Adventures	巨雷山鐵路	Big Thunder Mountain Railroad
貝茲旅館	Bates Motel	絕地武士訓練秀	Jedi Training：Trials of the Temple
皮克斯碼頭	Pixar Pier	西部牛仔射擊場	Frontierland Shootin' Exposition
馬克吐溫蒸氣遊河船	The Mark Twain Riverboat	小木偶皮諾丘的探險之旅	Pinnocchio's Daring Journey
馬瑟林鎮	Marceline	小飛俠彼得潘飛行歷險	Peter Pan's Flight
魔幻提基神殿	Walt Disney's Enchanted Tiki Room	小飛象	Dumbo the Flying Elephant
美國河	Rivers of America	小小世界	It's a Small World
迷你雲霄飛車	Gadget's Go Coaster	小熊維尼獵蜜記	The Many Adventures of Winnie the Pooh
飛濺山	Splash Mountain	新天鵝堡	Neuschwanstein Castle
大賽車場	Autopia	星際大戰：銀河邊緣	Star Wars：Galaxy's Edge
迪士尼樂園單軌電車明日世界站	Disneyland Monorail Tomorrowland Station	星際旅行：冒險續航	Star Tours：The Adventures Continue
迪士尼加州冒險樂園	Disney California Adventure Park	熊熊王國	Bear Country
迪士尼小鎮	Downtown Disney	蟾蜍先生的狂野之旅	Mr. Toad's Wild Ride
迪士尼藝廊	The Disney Gallery	睡美人城堡	Sleeping Beauty Castle
太空山	Space Mountain	彩色世界水舞秀	World of Color
泰山樹屋	Tarzan's Tree House	叢林巡航	Jungle Cruise
湯姆歷險記之湯姆索耶島	Pirate's Lair on Tom Sawyer Island	愛麗絲夢遊仙境	Alice in Wonderland
兔子羅傑卡通轉轉車	Roger Rabbit's Car Toon Spin	印第安納瓊斯冒險旅程	Indiana Jones Adventure
藍色海灣餐廳	Blue Bayou	萬聖節驚魂夜	Halloween Horror Nights
海底總動員潛艇之旅	Finding Nemo Submarine Voyage		

影視洛杉磯(LA Films & TV)影視名稱

《24反恐任務》	24	《火爆浪子》	Grease
《比佛利拜金女》	The Hills	《火線赤子情》	End of Watch
《霹靂嬌娃》	Charlie's Angels：Full Throttle	《火速救援最前線》	2009/1/1
《麻雀變鳳凰》	Pretty Woman	《加州靡情》	Californication
《魔鬼終結者2》	Terminator 2	《家族風雲》	Brothers And Sisters
《魔鬼神探》	Lucifer	《絕命警探》	Bosch
《謀殺綠腳趾》	The Big Lebowski	《俏妞報到》	New Girls
《飛越比佛利》	90210	《清道夫》	Ray Donovan
《反恐特警組》	S.W.A.T.	《情人節快樂》	Valentine's Day
《飯飯之交》	No Strings Attached	《辛普森家族》	The Simpsons
《大藝術家》	The Artist	《新飛越情海》	Melrose Place
《獨領風騷》	Clueless	《星光大盜》	The Bling Ring
《獨家腥聞》	Nightcrawler	《致命武器4》	Lethal Weapon
《特務行不行》	Get Smart	《宅男特務》	Chuck
《唐人街》	Chinatown	《震撼教育》	Training Day
《鐵面特警隊》	L.A. Confidential	《衝擊效應》	Crash
《拉古納海灘》	Laguna Beach	《生死一點靈》	Pushing Daisies
《樂來樂愛你》	La La Land	《雙面女間諜》	Alias
《戀夏500日》	500 Days of Summer	《人生如戲》	Curb Your Enthusiasm
《洛城警事》	Southland	《菜鳥警察》	The Rookie
《落日車神》	Drive	《銀翼殺手》	Blade Runner
《落日殺神》	Collateral	《養子不教誰之過》	Rebel Without a Cause
《鋼鐵人》	Iron Man	《五星主廚快餐車》	Chef
《廣告狂人》	Mad Men	《我家也有大明星／大明星小跟班》	Entourage
《海軍罪案調查處：洛杉磯》	NCIS：Los Angeles	《未來閃影》	FlashForward
《駭客任務完結篇：最後戰役》	The Matrix Revolutions	《玩命關頭7》	Furious 7
《黑色追緝令》	Pulp Fiction	《玩命關頭》	Fast & Furious
《好友萬萬睡》	Friends With Benefits	《玩酷世代》	The O.C.
《捍衛戰警》	Speed	《與卡黛珊同行》	Keeping up with the Kardashians

打卡洛杉磯 <small>附：拉斯維加斯</small>

作　　　者　Jas
攝　　　影　Jas、馬克、卡麥倫、美西太太

總　編　輯　張芳玲
發 想 企 劃　taiya旅遊研究室
編輯部主任　張焙宜
企 劃 編 輯　詹湘伃
主 責 編 輯　翁湘惟
封 面 設 計　簡至成
美 術 設 計　簡至成
地 圖 繪 製　簡至成

太雅出版社
TEL：(02)2882-0755　FAX：(02)2882-1500
E-mail：taiya@morningstar.com.tw
郵政信箱：台北市郵政53-1291號信箱
太雅網址：http://taiya.morningstar.com.tw
購書網址：http://www.morningstar.com.tw
讀者專線：(04)2359-5819 分機230

出 版 者　太雅出版有限公司
　　　　　台北市11167劍潭路13號2樓
　　　　　行政院新聞局版台業字第五〇〇四號

總 經 銷　知己圖書股份有限公司
　　　　　106台北市辛亥路一段30號9樓
　　　　　TEL：(02)2367-2044／2367-2047　FAX：(02)2363-5741
　　　　　407台中市西屯區工業30路1號
　　　　　TEL：(04)2359-5819 FAX：(04)2359-5493
　　　　　E-mail：service@morningstar.com.tw
　　　　　網路書店：http://www.morningstar.com.tw
　　　　　郵政劃撥：15060393(知己圖書股份有限公司)

法 律 顧 問　陳思成律師
印　　　刷　上好印刷股份有限公司　TEL：(04)2315-0280
裝　　　訂　大和精緻製訂股份有限公司　TEL：(04)2311-0221

初　　　版　西元2020年02月01日
定　　　價　370元

國家圖書館出版品預行編目(CIP)資料

打卡洛杉磯(附:拉斯維加斯) / Jas作；
Jas、馬克、卡麥倫、美西太太攝影.
-- 初版. -- 臺北市：太雅, 2020.02
　面；　公分. -- (世界主題之旅；135)
ISBN 978-986-336-370-5(平裝)
1.旅遊 2.美國洛杉磯 3.美國拉斯維
加斯
752.9　　　　　　　　　108020432

編輯室提醒

出發前，請記得利用書上提供的Data再一次確認

雖然本書的作者與編輯已經盡力，讓書中呈現最新最完整的資訊，但是必要的時候，請多利用書中的電話，再次確認相關訊息。

資訊不代表對服務品質的背書

本書作者無法為所有餐廳服務生，或任何機構的職員背書他們的品行，甚或是費用與服務內容也會隨時間調動，所以因時因地因人，可能會與作者的體會不同，這也是旅行的特質。門票和交通票券的價格若出現跟書中的價格有微小差距，請以平常心接受。

新版與舊版

太雅旅遊書通常修訂時，還會新增餐廳、店家，重新製作專題，所以舊版的經典之作，可能會縮小版面，或是僅以情報簡短附錄。不論我們作何改變，一定考量讀者的利益。

謝謝眾多讀者的來信

歡迎讀者將你所知道的變動後訊息，善用我們提供的「線上讀者情報上傳表單」或是直接寫信來 taiya@morningstar.com.tw，讓華文旅遊者在世界成為彼此的幫助。

太雅旅行作家俱樂部

填線上回函，送 "好禮"

感謝你購買太雅旅遊書籍！填寫線上讀者回函，
好康多多，並可收到太雅電子報、新書及講座資訊。

每單數月抽10位，送珍藏版

「祝福徽章」

方法：掃 QR Code，填寫線上讀者回函，就
有機會獲得珍藏版祝福徽章一份。

填修訂情報，就送精選

「好書一本」

方法：填寫線上讀者回函，並提供使用本書後的修
訂情報，經查證無誤，就送太雅精選好書一本 (書
單詳見回函網站)。

＊同時享有「好康1」的抽獎機會

打卡洛杉磯
附：拉斯維加斯

https://reurl.cc/nVMz7X

＊「好康1」及「好康2」的獲獎名單，我們會
　於每單數月的10日公布於太雅部落格與太雅
　愛看書粉絲團。
＊活動內容請依回函網站為準。太雅出版社保
　留活動修改、變更、終止之權利。

太雅部落格 http://taiya.morningstar.com.tw
有行動力的旅行，從太雅出版社開始

23 發票登錄抽大獎
首獎 澳洲Pacsafe旅遊防盜背包
太雅 週年慶

凡於 2020/1/1～5/31 期間購買太雅旅遊書籍(不限品項及數量)
上網登錄發票，即可參加抽獎。

首獎
澳洲Pacsafe旅遊防盜背包 (28L)

RFID晶片
防側錄口袋

專利防盜鎖扣

2名

普獎
BASEUS防摔觸控靈敏之
手機防水袋

80名

顏色
隨機出貨

掃我進入活動頁面
或網址連結 https://reurl.cc/1Q86aD
活動時間：2020/01/01～2020/05/31
發票登入截止時間：2020/05/31 23:59
中獎名單公布日：2020/6/15

活動辦法
● 於活動期間內，購買太雅旅遊書籍(不限品項及數量)　，憑該筆購買發票至太雅23周年活動網頁，填寫個人真實資料，並將購買發票和購買明細拍照上傳，即可參加抽獎。
● 每張發票號碼限登錄乙次，並獲得1次抽獎機會。
● 參與本抽獎之發票須為正本(不得為手開式發票)，且照片中的發票須可清楚辨識購買之太雅旅遊書，確實符合本活動設定之活動期間內，方可參加。
● 若發票存於電子載具，請務必於購買商品時，告知店家印出紙本發票及明細，以便拍照上傳。

＊主辦單位擁有活動最終決定權，如有變更，將公布於活動網頁、太雅部落格及「太雅愛看書」粉絲專頁，恕不另行通知。

太雅